Werner Wagner

Wie das Leben gelingen kann

Überlegungen zur Vergangenheit und Gegenwart

Bibliografische Information der Deutschen
Nationalbibliothek:
Die Deutsche Nationalbibliothek verzeichnet diese
Publikation
in der Deutschen Nationalbibliografie; detaillierte
bibliografische Daten sind im Internet über
http://dnb.dnb.de abrufbar.

© 2020 Werner Wagner
Herstellung und Verlag:
BoD – Books on Demand, Norderstedt

ISBN: 9783750441538

Inhaltsverzeichnis

Vorwort

Die Neuzeit (ab 1500) und die Moderne (ab 1900) unterscheiden sich von Antike und Mittelalter in so ziemlich allen Bereichen der Wissenschaften, der Kultur und des Lebens. Dennoch wirken vergangene Zeiten, ihre Traditionen und wesentlichen Innovationen weiter. Sie müssen nur als fragwürdig, d.h. der Frage würdig, gesehen und untersucht werden.

In Neuzeit und Moderne wird die Gesamtwirklichkeit in allen Bereichen fragwürdig. Der alles entscheidende historische Einschnitt ist der Beginn der neuen Wissenschaften. Galilei ist dafür die Symbolgestalt. Da die gesamte Weltwirklichkeit seit Beginn dieser Zeit im Laufe der Jahrhunderte immer mehr entdeckt wird, eröffnen sich immer neue Fragehorizonte. Die kosmische Unendlichkeit, die atomare, d.h. kleinste, Unvorstellbarkeit, die globale und regionale Welt, die physikalische, die chemische und biologische Natur, sie alle führen zu neuen Erkenntnissen, Anschauungen und Theorien. Das Leben als solches stellt neue Fragen, besonders ethischer Art, an denen sich die Geister scheiden.

Um das alles geht es uns nicht. Es soll nur die Zeitenwende verdeutlicht werden. Uns interessiert die Gestaltung des Lebens, die auch keine bloße Äußerlichkeit ist. In ihr wird uns unsere Existenz bewusst. Schließlich zeigen sich darin das Lebensbewusstsein und Lebensgefühl.

Dieses menschliche Leben wurde über die Jahrhunderte nicht immer gleich gesehen und verwirklicht. Der mittelalterliche Mensch hat sich anders begriffen als der der Renaissance. Unser Thema "Wie das Leben gelingen kann" dürfte deshalb unausgesprochen wie auch klar bewusst für die ganze Menschheit individuell wie kollektiv ein Lebensziel und auch eine Frage gewesen sein. Deshalb ist die Lebenseinstellung auch zum Teil epochal zu bedenken, wenn man diese einigermaßen sachgerecht und erkenntnisgewinnend sehen will. Was uns heute diesbezüglich von früheren Zeiten unterscheidet, ist das gezielte Fragen nach dem Gelingen des Lebens. In früheren Zeiten war das in jeglichem Tun und Handeln selbstverständlich enthalten, denn man beabsichtigte ja als Erfolg, etwas Gutes zu schaffen. Weshalb sich frühere Zeiten von heutigen in Bezug auf diese Frage unterscheiden, soll später bedacht werden.

Hier soll nur kurz - mit einem Beispiel - auf die menschlich-isolierte Lebenseinstellung mit ihren Problemen hingewiesen werden. Wenn man beobachtet, wie ältere, auch kranke Menschen oder Kinder Hunden begegnen, dann zeigt sich im Aufeinander-Zugehen ein elementares Zusammengehörigkeitsgefühl. Man darf wohl sagen, hier hat in jüngster Vergangenheit etwas nicht gestimmt, was jetzt im Kontakt mit dem Hund überwunden wird. Das zu bedenken, dürfte nachdenklich machen.

Auch wenn es hier als unbegründet überrascht: Diese Beobachtung berührt einen Teilaspekt der Frage nach dem gelingenden Leben, wie sich später zeigen wird. Daneben gibt es noch andere Voraussetzungen, an die man im Zusammenhang unserer Fragestellung - wohl in einem anderen Kontext - nicht denkt.

Die Frage, wie das Leben gelingen kann, wird nicht systematisch erörtert. Ich halte in diesem Zusammenhang problemorientierte Überlegungen für angebrachter. Mir geht es darum, Anstöße für ergänzende Überlegungen zu geben. Neben allgemein über die Jahrhunderte tradierten Denkresultaten stellt ein kritischer Leser Fragen, die sein Leben oder das seiner unmittelbaren Umgebung betreffen. Da gerade die Antike Lebensfragen nach unserer heutigen Kenntnis grundsätzlich bedacht hat, hat dieser Umgang mit Lebensfragen weitergewirkt.

Deshalb bleiben die Denker dieser Zeiten für die sich anschließenden Jahrhunderte interessant. Das ist ein Anlass, auf die Begründungen früherer Lebensgestaltung näher einzugehen. Insofern ist die Antike keine Angelegenheit längst vergessener Zeiten.

Weiterhin soll deutlich werden, dass das menschliche Leben in erster Linie nicht individuell zu sehen ist. Biologisch-lebensmäßig ist es in einem Gesamtzusammenhang zu verstehen.

Trotz des Eindrucks der Ausführlichkeit und des Überbordens bleibt hier so manches auf der Strecke. Das festzustellen, bleibt dem Leser überlassen.

Einleitung

Unter allen Lebewesen hat nur der Mensch ein Bewusstsein seiner selbst und kann so über sich und sein Leben nachdenken. Dabei spielen Gegenwart wie auch Vergangenheit und Zukunft eine Rolle. Im Rückblick zeigen sich Erfolge und Misserfolge. Und in der Zukunft, so hoffen wir, soll möglichst viel glücken. Deshalb muss man jetzt gründlich überlegen, um aus Fehlern zu lernen. Dazu bietet die Gegenwart die Gelegenheit. So oder ähnlich denken wir. Gelingen heißt deshalb in der Selbstbesinnung das Thema. Wenn möglichst viel gelingt, dann kann man von einem gelungenen Leben sprechen. Im Rückblick dürfte das der Wunsch vieler sein. Schwierig wird es, wenn man angeben soll,worin das gelungene Leben besteht. Vielleicht noch schwieriger ist es zu sagen, wie ein Leben gelingen kann. Gelingen ist der Vorblick, der sich aus dem Gelungenen, dem Rückblick, ergibt. D.h. wir lernen aus der Vergangenheit, um es in Zukunft besser zu machen. Gleichgültig, in welche Richtung man schaut, es ist nicht leicht, das Gelingen zu bestimmen.

Für ein gelingendes Leben gibt es allerlei, auch sehr gegensätzliche, Ratschläge. Ein moderner Buchtitel lautet: "Gottlos glücklich. Warum wir ohne Religion besser dran wären". Das genaue Gegenteil fordern streng gläubige Kirchenvertreter, die meinen, allein mit ihrem Glauben sei die Welt noch zu retten. Deshalb die Losung: Glaubt an Gott, so wie es in der Bibel steht.

Jenseits dieser extrem voneinander abweichenden Weisungen gibt es für ein gelingendes Leben den Ratschlag, „sich einen guten Tag machen, denn morgen sind wir tot". Ein In-den-Tag-Hineinleben ist tierisch, und das stimmt auch nicht so ganz, denn Eichhörnchen etc. sammeln für den Winter. Ernster zu nehmen ist der Rat, sich mehr Zeit zu nehmen für Dinge, die wichtig sind, oder achtsam wie auch gelassen den Alltag zu verbringen.

Hier könnten wir fortfahren, Anweisungen anzuführen, wie man einigermaßen gut durchs Leben kommt; es lohnt sich sogar, manche zu bedenken.

Es geht um unser menschliches Leben, das zunächst einmal biologisch zu sehen ist. Wie wichtig das Bedenken des Lebens in dieser Hinsicht ist, das zeigt uns die Medizin in vielerlei Hinsicht. Nicht wenige merken es an der Tatsache, dass sie älter und bisweilen auch kränker werden. So ist der gesundheitliche Zustand für unser Wohlbefinden bedeutsam. Mit Misslichkeiten, wenn es mal rauf und runter geht, muss man zurechtkommen, und das, ohne gleich zu verzweifeln. Vieles, was das Leben ausmacht, was seit der Geburt und Erziehung, seit der Jugendzeit, dem Berufs- und Familienleben uns prägt, unseren Charakter im Positiven wie Negativen ausmacht, damit muss man leben. Hier wird die Lebenseinstellung, die jetzt nicht mehr nur biologisch ist, bedeutsam. Das Bewusstsein, das die Basis unserer grundsätzlichen Lebenseinstellung ist, die zum Er-leben führt, ist der eigentliche Ausgangspunkt, um das Gelingen des Lebens zu bedenken.

Das zu bedenkende Erleben

Wir sehen uns alle in einer Welt, von der wir uns zwar deutlich unterscheiden, die aber dennoch unmittelbar zu uns gehört und uns in unserem Denken wie ein Teil unserer selbst gegenwärtig ist. Was sich hier in uns geistig vollzieht, nennen wir seit dem Philosophen Christian Wolff (1679 – 1754) Bewusstsein. Dieses Bewusstsein ist, wie oben schon erläutert, etwas typisch Menschliches. Es hat eine Rückschau und eine Vorausschau neben der Vorstellung der Gegenwart, in der man gerade ist. Das Bewusstsein ist ein Wissen, das jeweils ganz unmittelbar gegeben ist im Ich. Das Ich nimmt das Gewusste wie ein ihm unmittelbar zugehöriges Objekt.

Entwicklungsgeschichtlich gesehen hat das Ganze ursprünglich das Einzelne hervorgebracht. Dieses Einzelne kann das nur sein vom Ganzen her. Dieses In-Distanz-Sein führt beim Menschen zum Selbst-Sein, was dann weiterwirkt. Deshalb ist dann alles auf dieses weiterwirkende Sein rückführbar. Ich habe im Nachdenken den Eindruck gewonnen, auch der Mensch weiß sich emotional zu einem Ganzen gehörig und von ihm gleichsam in die Individualität entlassen. Das ist nicht klar bewusst, deshalb mehr im Unterbewussten, aber lebensbestimmend. Vielleicht wird das Gemeinte verständlicher, wenn ich sage, das menschliche Bewusstsein ist ein gefühlsbestimmtes Zugehörigkeitsbewusstsein zum Ganzen, der Lebenswelt.

Das Ich kann sich denkend auf sich selbst beziehen. Diese Rückbeziehung nennt man Selbstbewusstsein. Davon ist zu unterscheiden, was das Bewusstsein gleichsam objektiv gegenwärtig hat. Auch dieses Bewusste kann ins Un- oder Unterbewusste entgleiten und so das Erleben prägen, wobei es zu Verfremdungen kommen kann. Sie sind Gegenstand der Psychotherapie.

In Bezug auf unser erkennendes Bewusstsein dürfen wir sagen: Was wir denken, wollen oder tun ist, bildlich gesprochen, vom Bewusstsein wie von einem Licht durchdrungen und erhellt.

Alles was uns geistig gegenwärtig ist, ist Inhalt des Bewusstseins. Es ist als Rahmen, Inhalt und Zu-Sich-Kommen unser Selbstbewusstsein. In unseren Überlegungen sehen wir im Bewusstsein die Einheit von Ich und Welt.

Man darf in der Tradition der neuzeitlichen Philosophie sagen, das Bewusstsein ist ein Wesenskonstituens des Menschen. Die menschlichen Erfahrungen sind bewusst wie unbewusst im Bewusstsein gesammelt. Von diesen geprägt vollziehen sich dann auch weiterhin die Begegnungen und Verständigungen der Menschen untereinander. So wird Bewusstsein zu einer dynamisch anwachsenden Größe. Zwar entwickeln Individuen ein Individualbewusstsein; aber mit Recht darf man von einer gewissen Einheit des Bewusstseins, die zur Mentalität wird, sprechen. Hier hat das M a n seinen Standort. Es offenbart auch weiterhin eine Übereinkunft in der Praxis des Alltag, wo es Vertrauen oder Verlässlichkeit schafft. Man wei0, wie es normalerweise zugeht.

Das ursprüngliche Erleben des Menschen

Was eine Sache ist, zeigt sich in der Begründung. Die Begründung ist die Herkunft, die die Eigenart eines menschlichen "Sachverhalts" zeigt. Um Eigenheiten des Menschen zur Kenntnis zu bringen, müssen wir ziemlich weit in die Entwicklungsgeschichte zurückgehen. So werden dann eine Reihe rätselhafter und unverständlicher Wesenszüge verständlich. Über viele Jahrmillionen oder Jahrtausende erstreckt sich der menschliche Entwicklungsprozess. Gehen wir jetzt nicht zurück zu einem phantasiemäßig angenommenen Ursprung, sondern nur zurück in die Zeit der Jäger und Sammler und der Entstehung von Flora und Fauna, dann reden wir von einer Welt, in der schon vieles entstanden war. Die Erde brachte Bäume, Pflanzen und Kräuter hervor, und überall wimmelte es von Tieren, in der Luft, im Wasser und auf dem Land. Auch zeigte die Natur eine Vielfalt von Landschaften, Farben und Stimmen. Eine Wirrnis von Schönheit, in der die Menschen ständig unterwegs waren und gegen Nässe und Kälte in primitiven Behausungen Schutz und ein wenig Geborgenheit suchten. Dieses Leben in der Natur bestärkte sie in dem Glauben, ein Teil der Natur, wie auch ein besonders abgesonderter, zu sein. Sie ernährten sich von dem, was die Natur an pflanzlicher und tierischer Nahrung geboten hat; mal gab es reichlich, dann wieder wenig oder nichts. Vielleicht ist das der Ursprung des Fastens. Einfach war dieses Leben nicht. Wer oder was am kräftigsten oder stärksten war, konnte sich durchsetzen und so überleben, auch fortpflanzen. Das galt in verschiedener Weise für Pflanzen, Tiere und Menschen. Beim Menschen spielte darüber hinaus die gegenseitige Hilfe (Solidarität) eine bedeutende Rolle.

Der Kampf aller gegen alle (homo homini lupus) ist eine marktstrategische Erfindung von Thomas Hobbes im 18 Jahrhundert, aber keine einleuchtende Überlebensstrategie für die Frühzeit des Menschen, wo man mit der gegenseitigen Hilfe besser durchs Leben kam, als wenn man immer im Gegeneinander sich durchsetzte.

1. Eine entscheidende Wende der Frühzeit

Wie vieles oder alles Entscheidende sich über große Zeiträume hinweg in der Frühzeit der Evolution herausgebildet hat, so geschah es auch mit den Eigenheiten der Menschen. Das Wie der Entstehung entzieht sich unseren derzeitigen Erkenntnismöglichkeiten. Wir können annehmen, dass der Naturverlauf im Großen sich ein alternatives Gegenüber im Kleinen geschaffen hat. So ähnlich wie die sogenannte tote Materie das organische Leben hervorbrachte, hat die Gesamtevolution den Menschen mit seinem Bewusstsein entstehen lassen. Dieses Gegenüber wurde dann immer mehr zu dem, was man später das Geistig-Seelische genannt hat. Es ist nicht mehr wie das, was wir als Materie bezeichnen, aber ohne diese ist es auch nicht, und auch nicht zu begreifen, da es sich als das ganz Andere im Menschen ohne Materie nicht zeigt.

Stellen wir uns den Menschen vor, der uns denkend, weil er spricht, leibhaftig begegnet. Das kann er nur,weil er geistig,leibhaftig lebt. Dabei ist das "Seelische" der die materielle Körperhaftigkeit durchdringende Geist. Das Licht, das durch eine Glasscheibe leuchtet, könnte dafür ein gutes Bild sein. Bei aller Fragwürdigkeit könnte man das Geistige wie ein Diaphragma sehen. Das Geistige ist köperhaft oder der Körper ist geistig. Deshalb hat der Mensch eigentlich keinen Körper, er hat einen Leib. Er lebt leiblich.

Das Leib-Seelische grundsätzlich so zu sehen, könnte der Ausgangspunkt der Naturerfahrung des Menschen der Vorzeit wie auch späterer Zeiten sein. Danach gehört der Mensch zu dieser Welt, zu der er sich als Teil gehörig fühlt, ohne in ihr völlig aufzugehen, denn er steht ihr immer auch noch gegenüber, und das schon in der Frühzeit, sonst wäre

Magie nicht möglich gewesen. Diese zeigt die Zusammengehörigkeit von Mensch und Umweltmaterie wie deren Distanz, weshalb der Mensch auf ein Geschehen in diesem Bereich einwirken kann. Der Mensch ist von derselben Art wie das, worauf er mit seinem Tun eingreift; er steht diesem aber auch als der oder das ganz Andere gegenüber.

Diese Sicht auf die Geschichte des menschlichen Werdens, das viele Jahrhunderte kein Objekt der Erkenntnis, nur verkürzt erwähnt, eine Annahme des mythisch erzählenden Schöpfungsglaubens war, ist für unsere Deutung heute wichtig, weil sie unsere Eigenart beleuchtet. Kurz gesagt, wir sind und bleiben Naturwesen, die ein besonders Verhältnis, überhaupt ein Verhältnis, hier zur Natur, auch zur eigenen, haben.

Als Naturwesen erleben wir die Natur bewusst wie auch unbewusst. Für ein gelingendes Leben soll das Bedenken dieses "In der Welt Sein" ein Ausgangspunkt sein. Wie man sich fühlt, in welcher Stimmung man ist, wie die natürliche Umwelt auf uns wirkt, all das macht unser Weltbefinden aus, und zwar schon immer, weshalb es zu dem gehört, was Gelingen bedeutet. Der Mondschein, eine längere Regenzeit, die Frühjahrsmüdigkeit dürfen als Hinweis auf die Natureinflüsse dienen.
Zu diesem Gelingen gehört auch ein Bezugsrahmen, um den es im nächsten Abschnitt geht. Für Tiere ist das die Umwelt, der sie sich, um zu überleben, angepasst haben und zu der sie selbstverständlich schon immer gehören. Die Menschen haben in, aus und zu ihrer natürlichen Umwelt einen kulturellen Rahmen geschaffen, den wir Heimat nennen.

Die "natürliche" Welt als Heimat des Menschen

In unseren Tagen ist oft von Heimat die Rede. Sogar ein Ministerium beschäftigt sich damit. Ohne auf die geäußerten Meinungen, was Heimat ist, einzugehen, möchte ich all den möglichen Vorstellungen entgegenhalten, die eigentliche Heimat des Menschen ist vom Ursprung her gesehen, eigentlich die Natur. Und was für uns eigentlich etwas ist, wird dann bedeutsam, wenn wir es nicht mehr haben und und es uns unbedingt besorgen müssen.

Wenn Menschen Erholung brauchen, wenn Rekonvaleszenz angeordnet wird, wenn wir wegen Erschöpfung ausspannen sollen, dann gehen wir gewöhnlich nicht in den städtischen Trubel, etwa auf den Stachus. Jeder erfahrene Arzt wird uns davon abraten. Ein Heilmittel ist dann die Natur. Wenn wir entspannen wollen, dann gehen wir spazieren über Berge und Täler, in Wälder, Wiesen, Felder und Flure. Die Stille des städtischen Friedhofs ist nur ein Ersatz. Auf dem Gemäuer einer Burgruine kann man stundenlang sitzen, in das Auf und Ab der Berge und Täler schauen, den Gedanken freien Lauf lassen, und am Ende ist man von dem Vielen-Sehen nicht beschwert. Ganz anders ist das Erlebnis in den Straßen der Stadt mit den vielen verschiedenen Eindrücken. Diese können uns im Gegensatz zur Naturerfahrung verwirren und das Gemüt belasten.

Der Westerwald, die Höhen des Schwarzwaldes oder das felsenreiche Bergland der Pfalz sind begehrte Erholungsziele. Sie stehen stellvertretend auch für andere Gegenden, wo man erleben kann, was Natur heißt. Dort lebt man nicht einfach in der Natur, man erlebt sie. Dieses Naturerlebnis vermittelt ein bleibendes Heimatgefühl, auch wenn diese Natur nicht unsere ursprüngliche Heimat ist, und zwar deshalb, weil es bleibend unser Erleben bestimmt.

Eine Erfahrung, die das Gemüt ausgeglichen und standhaft machen kann.

Dennoch ist der Begriff Heimat gerade bei aller Vielfalt der Bedingungen (Migration, Integration, Isolation, Urbanisierung etc.) nach meinem Verständnis von uns heute vornehmlich soziologisch-kulturell zu gebrauchen. Der Bezug zur Natur, der wie die Grundlage der Kultur ist, kann in der Kindheit wie auch später erlebt werden; viele, die nicht mehr in der angestammten Heimat leben, fühlen sich in der neuen recht wohl. Deshalb sage ich im Hinblick auf die Mobilität moderner Gesellschaften, ist Heimat heute vor allem ein kultureller Begriff, der aber die Naturerfahrung späterer Jahre erfahrungsgemäß einschließt. An dieser Begriffsbestimmung ist nach meinem Verständnis, da er durch Erfahrungen belegt ist, nichts auszusetzen.
Man kann sich auch in zwei Kulturen wohlfühlen. Das war schon immer so. Ich sage nur, die Kultur kann oder soll ergänzt werden, entweder kulturell durch die Erfahrung einer anderen oder durch ein Erfahren von Natur. Zusammengefasst: Natur ist die Basis, Kultur die Gestaltung. Beide sind bleibend und aufeinander bezogen. Sie stehen zueinander in einem permanent dialektischen Verhältnis.

Da Heimat die "Annäherung an ein schwieriges Gefühl" ist, wie DER SPIEGEL Wissen 6/2016 auf dem Deckblatt schreibt, soll neben dem kulturellen Bezug, besonders der zur Natur, der heute, wie es scheint, in anderen Bezügen allgemein neu entdeckt wird und immer mehr in seiner Bedeutsamkeit auch gesehen werden muss, in Ansätzen dargelegt werden.

Heimat, Lebensgefühl, Geborgenheit, Dazugehörigkeitsbewusstsein sind primär natürliche Daseinserfahrungen.

Damit keine Missverständnisse oder Unklarheiten entstehen, sei gleich betont. Dieser Naturbezug hat nichts mit der naturnahen Heimatbestimmung der nationalsozialistischen Volkstumsideologie zu tun, höchstens mit dem Bereich eines ursprünglich naturnahen, individuellen wie gemeinschaftlichen Lebens.

Und das beginnt in der Kindheit, wobei besonders abgehoben wird auf die Sprache, dann auf die Gewohnheiten bei Tisch und beim Zu-Bett-Gehen, wenn nach dem Gebet und dem Gute-Nachtwunsch noch unbedingt erzählt werden muss, was der Nachbarjunge oder das Nachbarmädchen heute Nachmittag angestellt hat. All das betrifft das kindlich Soziale, was gemütsprägend ist.

Was ich noch besonders hervorheben möchte, ist das heimatlich Naturelle und Kulturelle. Der Einfluss, wo vom Morgen bis zum Mittag und dann vom Nachmittag bis zum Abend innerhalb der Straßen gemeinsames Geschehen erlebt wird; wie am Fichtensaum des Waldes, in der Nähe der drei Buchen am Abend die Rehe an den Wiesenrand kommen, um zu grasen; das alles hat man beobachtend gemeinsam erlebt. Die Gegend und das Mit-und Zwischenmenschliche beeindrucken unbewusst, sie können als bleibender Eindruck unbewusst im Gedächtnis bewahrt werden und als Alterserinnerung wieder auftauchen.
Die Natur als Garten mit Rasen und Hof, der Kinderspielplatz mit Bäumen und Wiesen und in der Ferne mit Waldwegen, die Äcker mit Getreide, Kartoffeln und Rüben, all das scheint nur einen blassen Schimmer zu

hinterlassen, scheinbar. Es ist der Hintergrund unseres Erlebens. Dann kommt das eigentlich Menschliche. Dass es das Zwischenmenschliche oder anders gesagt das Soziale ist, was uns wegen seiner beeindruckenden Bedeutsamkeit vor allem interessiert, muss nicht besonders hervorgehoben werden

Unser vom Natürlichen bestimmter Heimatbegriff benötigt eine Ergänzung; und diese sollte auch in der Erziehung eine Zielvorstellung sein. Gemeint ist das soziale Umfeld in der Breite der Möglichkeiten. Dazu gehört zunächst die Offenheit für Menschen, Tiere und Sachen und ein Blick für die Gegend.

Das der Erziehung und der Einführung ins natürliche Leben Entsprechende, könnte auch damit beginnen, Kindern auf Spaziergängen allerlei, was man so sieht, Pflanzen, Blumen, Gräser, Büsche und Bäume zu benennen und zu erklären; auch von Menschen, denen man begegnet, etwas Nettes zu sagen. Das weckt Aufmerksamkeit und kann ein erster Schritt sein, das Leben positiv zu sehen oder wenigstens offen zu sein. Es wird allerdings schwierig, wenn Mama und Papa selbst keinen offenen, neugierigen Blick für Zufälliges haben oder sich selbst in der Natur nicht richtig auskennen und nicht wissen, Gerste von Hafer und Roggen vom Weizen und die verschiedenen Bäume zu unterscheiden. Und von Menschen kann man einfach etwas Lustiges zum Lachen sagen.

Das alles ist eine lockere Einführung ins heimatliche Leben.

Zu der Natur als Heimaterlebnis gehört neben der Gegend mit der Flora auch die Fauna, aber diese ist gegenwärtig für uns, ganz prosaisch ausgedrückt, der Fleischproduzent. Die Ausnahme ist vielleicht nur noch im Zoo oder im unzugänglichen Urwald anzutreffen. Der Bestand an Tieren wird allgemein in Tonnen und Kilo angegeben. Das passt gut in unsere Zeit, in der alles in Maßeinheiten angegeben wird. So ist auch die Wissenschaft der Neuzeit und Moderne bestimmt durch die Mathematik, die alles zahlenmäßig, d.h. quantitativ, angibt. Die Natur in Flora und Fauna ist aber von ihrem Ursprung her eine qualitative Vorstellung. Denn so wird die Natur als Form unseres Lebens zunächst erlebt. Für dieses Zusammenleben, das sich jenseits jeglicher Isolation vollzieht, ist der Begriff Heimat angemessen.

Dass die Isolation von Mensch und Tier heute heute völlig neu bedacht werden sollte, darauf weist uns der Einsatz von Therapiehunden in der Psychotherapie und Altenbetreuung hin. Wie Kinder sich Tieren im Zoo oder in einem freien Gehege nähern, ist nicht nur rührend. Es muss auch nachdenklich machen.

Wir sind hier am Anfang, die Isolation von Mensch und Natur als Problem zu erkennen. Und da es um das Gelingen des Lebens geht, sollte hier neben dem Sozial-Kulturellen auch das ursprünglich animalisch Natürliche zur Geltung kommen.

Wer die geschilderte Breite der Naturerfahrung als überzogen ansieht, hat sicher ein anderes Problembewusstsein. Es stehen sich hier zwei Deutungen von Natur-und Heimaterfahrung mit ihren Konsequenzen gegenüber. Ich meine, die geschilderte und gemeinte Erfahrung sollte breit sein, damit sie für junge Menschen wie ein festes und sicheres Sprungbrett für die typisch menschlichen Aktivitäten fungieren kann.

Die bisher beschriebene Naturerfahrung war vom Menschen her gesehen mehr eine hinnehmende. Die Offenheit für das sich in der Natur Zeigende bestimmt hier das Dasein und kann so das Leben auf der Basis des Naturgegebenen nach

Möglichkeit gelingen lassen. Das weitere Gelingen des Lebens hängt ab von der Eigenaktivität des Menschen.

Das Leben als zu bedenkende Aufgabe

Das gelingende Leben mehr in der offenen Erwartungshaltung des Beschenktwerdens zu sehen, ist der eine Aspekt des Lebens. Der andere Aspekt ist der Rückbezug auf die Vergangenheit, an der nichts mehr zu ändern ist. Man kann aus einem Rückbezug nur entsprechende Folgerungen ziehen. Eine weitere Sicht ist die auf den Lebensraum, der zur Eigeninitiative und zur Selbstgestaltung herausfordert. Das ist die individuelle und soziale Welt des Menschen, in der er zeigt, was er jetzt alles kann, und wozu er darüber hinaus noch fähig ist. Als Beweis für die zu treffenden Feststellungen dienen Beispiele menschlicher Tätigkeiten, die sehr zahlreich sind und den verschiedensten Lebensbereichen angehören, und jeweils unter einer bestimmten Frage zu erörtern sind.

Durch dieses Bedenken ist dann das menschliche Tun nicht einfach nur eine zu schildernde oder geschilderte Tätigkeit, ein Konstatieren, eine quasi objektive Berichterstattung, wie nach einem Unwetter, vergleichbar einem Photo, das zeigt, was ist oder war. Es ist mehr. Es ist ein Bedenken.
Das Bedenken hinterlässt geistig-seelische Spuren. Es ist etwas anderes als ein Machen.
War das Naturerleben für den Menschen die Basis eines einfachen-natürlichen Gelingens des Lebens in der Eingebundenheit, so ist das Leben in der Distanz des Denkens Ausgang wie Begleitung menschlichen Strebens. Die Eingebundenheit und die Distanz des Denkens werden in der Wirklichkeit als emotionale Einheit erfahren. So wird aus dem Leben ein Erleben, in dem Leben gelingen kann.

Diese Erfüllung nannte die alte Welt Glück. Ich würde es beim Gelingen belassen.

Die Geistigkeit des Menschen ist etwas Besonderes, was den Menschen innerhalb der lebendigen Vielfalt auszeichnet. Aber das Animalische führt ihn wahrscheinlich zu einem Grunderlebnis, das man erst allmählich begreift. Wie das Emotionale im Menschen lebt, dazu sollten die Hinweise auf das ursprüngliche Naturerleben zum Weiterdenken anregen.

Die Frage, wie menschliches Leben gelingen kann, soll in der Beantwortung das Typische des Menschseins als Ausgangspunkt nehmen. So geht es um die Entfaltung von allgemein angenommenen Anlagen und nicht um bezweifelbare Meinungen.

2. Die alte Welt – ein immerwährendes Erbe

Klugheit

Man dachte schon vor Zeiten, das richtige Leben, d.h. das gelingende, bestehe darin, was gut ist, in die Tat umzusetzen. Da die Praxis, neben der Frage, was ist gut, ein entscheidendes Moment im Erreichen dieses Zieles ist, sind die Eigenschaften der Menschen, die das Gut in die Tat umsetzen, mit entscheidend. Wenn das Leben gelingen soll, dann sind vorgegebene Eigenschaften, die ja von der Möglichkeit her das Leben ausmachen, zu bedenken. Denn nur was möglich ist, kann auch gelingen.

Da es um die grundsätzliche Einstellung des Menschen zum Leben geht, und worauf die Art seiner lebensbewältigenden Tätigkeiten mit ihren jeweiligen Zielen zurückzuführen sind, ist nicht die Menge der Beispiele bedeutsam, sondern die Bestimmung des Eigentlichen, die Antwort auf die Frage nach der entscheidenden Lebenseinstellung.

Darüber nachzudenken, haben die Philosophen Sokrates, Plato, Aristoteles und die Stoiker begonnen, was dann im Mittelalter fortgeführt wurde. Von Petrus Lombardus (1100 bis 1160), der das philosophisch-theologische Unterrichtsbuch seiner Zeit schrieb, stammt der Satz: prudentia dicitur genitrix virtutum. Frei und sinngemäß übersetzt: Die Klugheit ist der Ursprung der sittlichen Lebensführung.

Danach sind Gerechtigkeit, Maßhalten und Tapferkeit Bestimmungen der Klugheit, bzw. sie sind durch die Klugheit bedingt. Als Einführung in die Klugheit soll ein kurzes Gebet Wesentliches sagen. Der Gebetsvorschlag lautet folgendermaßen, "Gott gebe Dir die Gelassenheit, Dinge hinzunehmen, die Du nicht ändern kannst, den Mut,

Dinge zu ändern, die Du ändern kannst, und die Weisheit, das eine vom andern zu unterscheiden.".

(statt Weisheit müsste hier Klugheit stehen, denn Klugheit ist Handlungswissen (recta ratio agibilium), und Weisheit ist ein Wissen um die Welt als Ganzes, als große Einheit und die letzten Zusammenhänge, um die es in dem sonst klugen Gebet nicht geht. Gerechtigkeit und Tapferkeit sind hier direkt angesprochen, Maßhalten indirekt.

Um zu der gemeinten Klugheit zu gelangen, bedarf es der Überlegung, die zu einem Urteil führt, was man tun könnte und was man bleiben lassen sollte. Am Ende steht die Anweisung oder der Befehl, was man für klug hält und nichts anderes ist zu tun. Wer vor lauter Überlegungen um die Erkenntnis von Möglichkeiten nicht zu dieser letzten Entschiedenheit fähig ist, ist unklug, auch wenn er noch so viel nachdenkt. Wer im Gegensatz dazu kopfüber entscheidet, weil er angeblich wagemutig ist, ist unbesonnen; nur ein anders Wort für unklug. Fürs Überlegen braucht man Zeit, bei schwierigen Entscheidungen bisweilen sehr viel Zeit. Nicht aber für das Umsetzen des Entschlusses in die Tat. Im beschlossenen Handeln zu zögern, dafür gibt es keinen Grund. Das Urteil der Klugheit gilt es einfach in die Tat umzusetzen.

Das Gebet hat den Schwerpunkt in einer, fast möchte ich sagen, alternativen Überlegung. Deshalb stehen sich Gelassenheit und Mut als jeweils der Situation entsprechende Verhaltensweisen gegenüber. Weder die Entscheidungsfrage noch deren Ergebnis enthalten ein Entweder-Oder, auch nicht ein Sowohl-als auch, es geht um das jeweils Beste. Das ist das Ergebnis eines Denkprozesses. Für besonders innerlich Bewegte sei gesagt, das ist nicht das

Ergebnis eines frommen Wunsches. Man meint es doch so gut. Die Absicht gehört ins Vorfeld der Klugheit.

Die Klugheit ist individuell-persönlich, aber nicht solipsistisch. Zu ihr gehört, traditionell ausgedrückt, die Gelehrigkeit (docibilitas); man muss sich auch etwas sagen lassen. Gewisse Erfahrungen und Erkenntnisse haben wir nun einmal nicht. Unbelehrbarkeit und Besserwisserei verengen den Blick auf die Welt.

Wer ein Auto kaufen will, soll sich vorher beraten lassen. Dasselbe gilt für eine Menge technischer oder elektrischer Geräte, bei denen es auf Teile und deren Funktionen, von denen man zuvor nichts wusste, ankommt. Wer hinterher erst schlauer ist, war unter Umständen vorher unklug.

Die Klugheit bedarf zu ihrer Verwirklichung gewisser Eigenschaften. Sie bezieht sich auf Vergangenes und Gegenwärtiges; so sind das Gedächtnis (memoria), die Haltung, sich etwas sagen zu lassen (docilitas) und die Sachlichkeit (solertia) in der Entscheidung zu nennen.

Das Gedächtnis kann subjektiv sein, da es auch vom Willen abhängig ist. Deshalb heißt es für das Gedächtnis, sich an der Wirklichkeit, die die Wahrheit zeigt, zu orientieren. An der Gelehrigkeit (docilitas) zeigt sich der wirklich Kluge. Hier sind Überlegungen zu politischen Entscheidungen ein Beispiel. Kluge Politiker lassen sich beraten und diskutieren innerhalb ihrer Fraktion wie auch mit Kollegen anderer Fraktionen.

Auch in Überraschungen relativ schnell das Richtige zu treffen, im Unvermuteten noch sachgemäß zu entscheiden, all das gehört zur Klugheit. Jemand steht an der Haustüre und kann seine Bedürftigkeit, die zweifelhaft ist, glaubhaft darstellen. Es geht nicht um einen der vielen, denen man nichts abnehmen kann. Das richtige und kluge Verhalten erfordert hier situationsgerechtes Reagieren. Die genannten Sachverhalte treffen sicher die Wirklichkeit und können noch ergänzt werden. Theoretisches Wissen (was Klugheit ist) und Praxis sind "zwei Paar Stiefel".

Deshalb folgt: Die Klugheit kann von zwei Seiten betrachtet werden. Was im jeweiligen Fall klug ist, was man tun soll, und was die Klugheit als solche ist. Maßgebend ist dennoch, was man als das Kluge erkennt, aber entscheidend, was man tut.

Da sich die Klugheit im Tun und Handeln, in dem, was zu verwirklichen ist, zeigt, ist die Klugheit an einen Befehl gebunden. So ist die Klugheit einmal Maß empfangend, zum andern Maß gebend, was mit der oben gemachten Unterscheidung identisch ist.

Im Jargon des Alltags sieht man vielfach die Klugheit als Schlauheit, Gerissenheit, gewieftes Taktieren und Durchtriebenheit. Dass diese Vorstellungen jenseits dessen liegen, was man das Gute nennt, und da die Tugenden (Klugheit, Gerechtigkeit, Tapferkeit, Maß) das Gute schlechthin verwirklichen wollen, ist eine Diskussion über die Abartigkeiten der eben genannten Begriffe unangebracht. Schließlich ist das Gute das den Menschen und der Wirklichkeit Entsprechende und somit Richtung gebend. Deshalb sei wiederholt: Die Klugheit ist primär die richtunggebende Erkenntnis der Wirklichkeit. Das Gute-Tun folgt aus dieser Erkenntnis, oder es gibt keine Klugheit.

Das Sollen wird vom Sein bestimmt oder es gibt keine Bestimmung dessen, was gut ist. Was gut ist, zeigt sich immer wieder bei verschiedenen Gelegenheiten, gleichgültig, wie der Mensch gestimmt ist. Er hat gerecht, tapfer und maßvoll zu sein, das sagt die Klugheit, die das jeweils Gültige eruiert. So ist die Klugheit, wie oben schon gesagt, die um das Rechte wissende Vernunft.

Was neben der Klugheit menschliches Tun zu bestimmen hat, ist die

Gerechtigkeit

Der Grund ihrer die menschliche Tätigkeit bestimmenden Funktion ist leicht einzusehen. All unser Tun und Handeln ist sozial ausgerichtet. Reden wir, so hört uns jemand zu, selbst die Struktur der Selbstgespräche ist davon bestimmt. Sie geschehen dialogisch, indem wir mit einem fiktiven Partner reden.
Tun wir etwas, so gebrauchen wir Hilfsmittel, die uns oder anderen gehören. Die Gerechtigkeit unterscheidet das Eigene vom Fremden. Die Beziehungen unter Menschen berühren in vielfältiger Weise, was im weiteren und engeren Sinn die Gerechtigkeit berührt, da auf verschiedenen Ebenen ein Austausch stattfindet.

Von daher gebührt der Gerechtigkeit ein besonderer Rang. Durch sie wird das Leben der Menschen untereinander geordnet. Da für uns in unserem Denken und Handeln das entsprechend geordnete Zusammenleben eminent wichtig ist, ist die dieses Zusammenleben ordnende Gerechtigkeit in ihrer Wichtigkeit einleuchtend. Es gibt Rechte und Pflichten des Einzelnen gegenüber der Gemeinschaft und umgekehrt sowie Rechte und Pflichten der Einzelnen gegenseitig. Dann geht es um die Einhaltung der das Zusammenleben regelnden Vorschriften. In der Moderne werden soziale Fragen, z.B. Pflichten des Ganzen gegenüber einzelnen Bürgern (Bildungs- und Sozialfragen) Aufgaben des Staates;

deshalb gibt es heutzutage den Begriff der sozialen Gerechtigkeit.

Die Gerechtigkeit fordert den Menschen besonders in seiner Geistigkeit, die als Objekt die Wahrheit hat, heraus. Diese Wahrheit ist, was die Vernunft für klug findet. Die Gerechtigkeit verwirklicht dann dieses Gut der Vernunft.
So sind Klugheit und Gerechtigkeit das, wodurch der Mensch unmittelbar auf das Gute hin geordnet wird. Deshalb ist es richtig zu sagen: Der Mensch wird durch die Gerechtigkeit in seiner Geistigkeit, in dem Besonderen des Mensch-Seins, angesprochen.

Da es um das gelingende Mensch-Sein geht, wird die Gerechtigkeit in ihrer grundsätzlichen Verwirklichung, die ein gelingendes Leben ermöglicht, bedacht. Zur Eigenheit des Mensch-Seins gehört die Ausrichtung auf Klugheit und Gerechtigkeit, um das Leben gelingend zu meistern. So zeigt sich der Horizont unserer Erörterung.

In der Ausrichtung auf den Sinn hat heute ein verbreitetes existenzielles Daseinsverständnis, das den Menschen und seine Welt widerspiegelt, seine selbstverständliche Bedeutung. Dieses ist typisch neuzeitlich, in der auch die Tapferkeit ein neues Gesicht gewinnt.

Tapferkeit

Die Tapferkeit ist ursprünglich eine Standestugend der Krieger und Beamten der Polis. Plato zählt die Tapferkeit zu den Kardinaltugenden, d.h. zu den grundlegenden Verhaltensweisen, die den Weg zu einem echt menschlichem Leben ermöglichen oder eröffnen. Die Tapferkeit als Tugend gibt die Kraft, jede Gefahr, selbst die Todesgefahr, zu bestehen. Dabei geht es primär um die Verwirklichung des Guten für die Polis, weshalb man um des Guten willen sogar das Leben riskiert. Man könnte meinen, die Schwere und Anstrengung machen die Tugend aus. Es ist das Gute, um dessentwillen wir von der Tapferkeit reden. Nach griechischen Verständnis ist es das Gute für die Polis. Deshalb heißt es dann im Mittelalter, in dem man die Tugendlehre weiter bedenkt, "auf dem Weg des Guten setzt der Tapfere sich der Gefahr des Todes aus", so Thomas von Aquin. Die Tapferkeit als Lebensbewältigung begreift man in dieser Zeit im Angesicht des Todes, der ja alltäglich und nicht mehr zufällig oder ereignishaft war. Das "mitten im Leben vom Tod umfangen" zu sein, will ausgehalten werden.

Mit Beginn der Neuzeit wird Tapferkeit zur Furchtlosigkeit, zum Gebot, nur der Vernunft zu folgen, zum Edelmut, sich für andere einzusetzen, zur Kühnheit, um ein freier Mensch zu bleiben. Bei Kant geht es darum, einem starken und ungerechten Gegner Widerstand zu leisten.Weiter: Mut ist, das zu tun, was die Pflicht gebietet. Dabei ist selbst der Verlust des Lebens nicht zu scheuen.

In der Neuzeit wird die Tugend der Tapferkeit von den Gegebenheiten her, die die Vielfalt des Lebens widerspiegeln, bedacht. Da es nicht immer um Leben und Tod geht, wird die Tapferkeit, die Nachteile riskiert, als Mut bezeichnet. Hat man in der Verfolgung sozialer Ideale die Kraft, die eigene Überzeugung, die mit Nachteilen verbunden ist, durch- oder einzusetzen, so zeigt man Zivilcourage.

Werden Tapferkeit und Mut von dem her gesehen, dessen Tun davon gekennzeichnet ist, dass er vielfach meint, es wird schon gut gehen, so sprechen wir von Optimismus. Dann gibt es den, der viel wagt, weil er ein entsprechendes Selbstbewusstsein hat. Der ist aufgrund seiner Stärke ein Beispiel von Tapferkeit. Darüber hinaus gibt es auch Helden, die den Mut besitzen, bis zum Äußersten zu gehen, ihr Leben aufs Spiel zu setzen und auch zu opfern. Das ist Helden- und Todesmut.

Was zeigt sich in den kurz angedeuteten Tapferkeitshinweisen und Mutproben? Der Mensch vermag bis an die Grenzen seiner Fähigkeiten zu gehen, da er seine ganze Person jeweils zum Einsatz bringt, sogar bis zur Selbstaufgabe. Das ist das Äußerste der moralischen Verantwortung. In der Nazizeit zeigte sich diese Tapferkeit als Widerstand gegen die Macht des Bösen. Hier ist zu denken an Dietrich Bonhoeffer und ähnliche Widerstandskämpfer mit ihrer Zivilcourage, ihrem politischen Widerstand und ihrem Heldenmut. Zweifel ihnen gegenüber ist geistig wie moralisch abartig.

Wenn es um die rein theoretische Erörterung, das Leben überhaupt einzusetzen, und wenn es um die existenzielle (persönlich treffende) Herausforderung geht, das je eigene Leben einzusetzen, dann ist zu fragen, ob das Leben wie ein Mittel für ein abstraktes Gut eingesetzt werden darf? Es ist eine abstrakt theoretische und eine die eigene Person betreffende, also persönliche, Frage. Zu der persönlichen Frage möchte ich sagen: Ein Abschwören der eigenen Überzeugung, hier der Einsatz des eigenen Lebens, kann man von niemanden verlangen noch den Einsatz negativ beurteilen. Zum eigenen Leben gehört auch die je eigene Lebensdeutung wie Wertschätzung des Lebens. Diese ist das Eigentliche und Höchste, was ein Mensch besitzt, es ist seine Überzeugung oder anders gesagt, sein Glaube, der mit ihm identisch ist. Der Zwang zum Abschwören der eigenen Überzeugung ist ein Fehlgriff der Macht, gleich welcher Art. Die Achtung einer Persönlichkeit heißt hier einfach Unantastbarkeit.

Als zu bedenkendes Problem kann eigentlich nur gelten der Einsatz des eigenen Lebens, um einen Menschen in der Todesgefahr zu retten. Im Einsatz des eigenen Lebens um das Leben anderer zu retten, stehen sich Leben zu Leben gegenüber. Hier gibt es kein Mittel-und Zweckverhältnis. Hier ist der Gipfel des Humanen, wo absolute Freiheit herrscht.

Ein gewisses Abschweifen sei hier erlaubt
Es geht um menschliches Leben, auch im Zusammenhang der Tapferkeit und des Mutes. Nach Joh. 15,13 ist der Einsatz des eigenen Lebens für andere der größte Liebesbeweis, wozu jemand fähig sein kann. Es geht um das Leben und sonst nichts; hier um das Leben des Mitmenschen, wobei das eigene gegenüber dem anderen nicht privilegiert ist. Die Struktur des spätbiblischen Verhältnisses von Ich und Du in Bezug zur Neuzeit und Moderne ist wegen seiner einsichtigen Widersprüchlichkeit zu diesen Zeiten interessant und gibt hierauf eine Antwort. Sie soll in Kapitel F behandelt werden.

Im Zusammenhang der Kardinaltugenden stellt sich die Frage, wie das Leben gelingen kann. Ich identifiziere diese mit der nach dem Sinn. Das Interessante ist, in der Spätzeit des AT und der des NT wird die ethische Ausrichtung vornehmlich in der Haltung zum Mitmenschen, was unser Tun bei ihm bewirkt, gesehen. Nicht das eigene, das Leben des anderen steht im Vordergrund. Man kann es auch alltäglich und der Bergpredigt gemäß im heutigem

Lebensgefühl ausdrücken. Ich soll so meinen Mitmenschen begegnen, dass sie sich mehr verstanden wissen und mehr Freude am Leben haben; das kann geschehen durch Entgegenkommen und Freundlichkeit, die eine Atmosphäre schaffen, in der jeder normale Mensch gerne lebt.

Ausgangspunkt dieser letzten Erörterung war die Tapferkeit. Daraus wurde in der Neuzeit der Mut. Am Ende steht die Freundlichkeit. Immer geht es um den eigenen Einsatz für andere. Dieses Denken hat vielleicht einige Brüche, aber irgendwie ist darin auch eine Logik, die dem Gipfel der biblischen Ethik, der Bergpredigt, entspricht. Mehrfach wird den Friedensstiftern, auch denen, die sich für Gerechtigkeit einsetzen sowie denen, die ein einfühlsames Verständnis zeigen, gesagt.: Selig seid ihr! Auch denen es im Leben nicht einfach nur im Gewinn geht, die sogar arm sind, all denen wird gesagt, selig seid ihr! Wie darf man da selig verstehen? Zumindest, ihr habt es richtig gemacht. Euer Tun hat sich ethisch und nicht finanziell gelohnt. Hier geht es um eine innere Haltung, ein Denken, eine Lebensdeutung, die von Mitmenschlichkeit geprägt ist. Das humane Verhältnis zum Anderen hat eine Rückwirkung, nur darf diese nicht das Ziel sein, sonst merkt man die Absicht und ist verstimmt.

Was weiter zu einem vernünftigen Leben gehört, ist das Folgende:

Maßhalten

Meine Mutter hat oft den Spruch gebracht: "Alles mit Maß und Ziel." Das galt beim Essen und Trinken, wie auch für alles Mögliche im Leben. Was man plante, haben wollte, wie man etwas machte, wie viel man wollte, immer galt das "mit

Maß und Ziel." Als ich begann mir Gedanken zu machen über die vierte Kardinaltugend, die, wie ich meine, sehr als Züchtigung (temperantia) verstanden wird, fand ich die Lebensweisung meiner Mutter wegen der Zielgerichtetheit im Ganzen statt der Züchtigung des Handelns passender. Maß und Ziel klingen nicht so negativ, einschränkend wie Zucht, mehr positiv, ermutigend, weil zielgerichtet. Maßhalten erinnert mich zudem an die griechische Mitte (mesotes), das Ergebnis von Besonnenheit und Klugheit, die in jeder Lage das rechte Maß zu halten wissen.

Die Lehre der Tugend als Einhaltung eines Maßes ist alt. Die ältesten Quellen stammen aus Griechenland. Für Solon (561) ist das Mittlere Maßstab einer zwischen arm und reich ausgleichenden Gesetzgebung. Die hippokratische Heilkunst betont das Mittlere in den Therapievorschriften. Nach Demokrit (460) bewirkt die Mitte zwischen Übermaß und Mangel ein ausgeglichenes Gemüt.

Platon (427-347) erklärte den Gedanken der Mitte zu einem Grundprinzip der Ethik, der Politik, der Kosmologie, ja der gesamten Wirklichkeit. Aristoteles (384-322) denkt in derselben Linie. Das Mittlere kennzeichnet neben der Natur die beste Verfassung, da diese den Mittelstand als Grundlage und Ausgang hat; dieser besitzt nicht zu viel und nicht zu wenig. Die Mitte gilt weiterhin als Grundprinzip der Ethik, da sie Extreme zu vermeiden empfiehlt. Einige sagen: Jede ethische Tugend ist eine Mitte nicht nur zwischen zwei, sondern eigentlich zwischen vier Extremen. Danach ist die Tapferkeit ein Zuviel und ein Zuwenig an Furcht sowie ein Zuviel und Zuwenig an Mut. Ich meine, zum einfacheren Verständnis genügt eine Bestimmung der Mitte zwischen zwei Extremen.

Diese Mitte ist selbstverständlich keine lahme Mittelmäßigkeit noch ein charakterloses Mittelmaß; beide sind ein Zeichen von Charakterschwäche. Die Verschiedenheit der Personen und die Besonderheit der Situation muss bedacht werden, um in Bezug auf das Gute oder Beste gleichsam einen Gipfel zu erreichen. Dann kann einmal das eine, dann das andere Extrem der Mitte näherkommen, um zur ausgleichenden Mitte zu finden. So ist zwischen Ängstlichkeit und Verwegenheit das kluge Rechnen mit der Gefahr angebracht. Zwischen Geiz und Verschwendung ist die Sparsamkeit, zwischen rigorosem Fordern und absoluter Gleichgültigkeit das Verständnis gefragt.

Dass diese Tugendlehre im Lauf der Geschichte verschieden beurteilt, inhaltlich umgedeutet oder ergänzt wurde, ist eine Selbstverständlichkeit; sie soll gemäß der Antike erörtert werden, aber dann in Bezug auf unsere heutigen Gegebenheiten. Unsere spärlichen Erkenntnisse über die Vergangenheit verleiten uns dazu, Antike und Mittelalter sehr einheitlich geprägt zu sehen. Sogar bis zur Gegensätzlichkeit werden sie als unser Erbe betrachtet. Eine Feststellung dürfte zutreffen: Ohne dieses Erbe wären wir ärmer. Deshalb der folgende Einschub.

Seneca (4 v bis 65 n. Chr.)

Für ihn war die Philosophie im Leben wie auch in der Theorie die Führerin auf dem Lebensweg, von dem er sagte, er sei mit Torheit und Schlechtigkeit gepflastert. Er hatte im Auf und Ab seiner Lebenstage allerlei Herausforderung bis zur Verbannung zu bestehen. Er war der Meinung, obwohl der Mensch eine ursprüngliche Veranlagung zum Guten besitzt, hat der naturhafte Selbsterhaltungstrieb sich zur

Selbstsucht entwickelt; der gute Samen wurde wie von Unkraut überwuchert. Die Philosophie vermag hier zu helfen. Sie kann Licht in das Dunkel bringen und zeigen, was gut und schlecht ist. Sie muss allerdings erst entwickelt werden, da sie ja nur eine Anlage ist, die entfaltet sein will. Sie hat als Ziel die Vollendung der Vernunft.

Diese besteht in der Unerschütterlichkeit (ataraxia) des Gemüts, in der Genügsamkeit (autarkia) und der Unabhängigkeit von Gemütsbewegungen (apathia). Eine individuelle Lebenseinstellung, die überzeitlich Bedeutung haben dürfte, wird hier gekennzeichnet.

Über den Bindungen an die Familie und die Gesellschaft steht die Bindung an den Kosmos: deshalb ist der Weise Kosmopolit. Seine individuelle Vernunft ist Teil der Weltvernunft. Deshalb werden die Weisungen des Verhaltens aus reiner Vernunfterkenntnis gewonnen. So steht derjenige, der sein Leben vernünftig gestaltet, im Einklang mit den Gesetzen des Universums. Im Einklang mit den universalen Naturgesetzen zu handeln, ist Pflicht. Hier gibt es keine Grade, sondern nur die Alternative von Übereinstimmung und Nichtübereinstimmung. Wie die Tugend keine Abstufungen kennt, so gibt es auch keine Mehrzahl wie bei den Kardinaltugenden (Klugheit, Gerechtigkeit, Tapferkeit, Maßhalten). Der Weise, d.h. der vollkommene Mensch vereinigt in sich alle Tugenden durch den Hochsinn oder die Hochherzigkeit (magnanimitas animi). Sie erhebt ihn über alles Irdische und macht ihn stark gegen Schicksalsschläge. In den Lebensstürmen steht er fest wie ein Fels in der Brandung. In seiner heiteren Seelenruhe erfüllt er alle Pflichten seinen Mitmenschen gegenüber gleichsam mit Natur-Naturnotwendigkeit. Er ist, ob er wirklich lebt oder nur ein Ideal ist, das, was allen Strebsamen die nötige Kraft verleiht. Die magnitudo animi ist identisch mit der aristotelischen Tapferkeit. Unrecht und

Schmähungen prallen bei dem Weisen ab. Sich die heitere Euthymie (frohgemut sein) vorstellend entwickelt Seneca die magnanimitas animi (Hochherzigkeit). Die ist innere Ruhe, die Freiheit von allen Aufregungen und ein ungestörter Seelenfrieden.

Neben der Vernunft (logos) wird von Seneca das Gewissen (conscientia), das Innere des Erlebens bedacht. Neben dem Geist (logos) bedenkt er den in der griechischen Philosophie kaum eigens thematisierten Begriff: der Wille. Die klassische griechische Antike hatte keinen eindeutigen Willensbegriff als einem eigenständigen geistigen Vermögen. Der aristotelische Begriff des Willens (boule) meint ein Streben, entstanden aus Überlegung, .d h. eine Begleiterscheinung oder Folge von Verstand oder Vernunft. Deshalb schreibt Seneca an Licinius: "Niemand kann sagen, welches der Ursprung seines Wollens ist".

Die alte Stoa hat die Menschen geschieden in Weise und Unwissende. Seneca ergänzt oder entwickelt die Stoa weiter, indem er über den ethischen Ergebnisbegriff des Willens diesen weiterdenkt und das Ergebnis als Gewissen unterteilt in gutes und schlechtes Gewissen (conscientia bona/mala).

So hat Seneca mit der Hervorhebung des Willens den einseitig griechischen Intellektualismus der Überbetonung des Verstandes überwunden. Mit der Betonung des auf dem Willen basierenden Gewissens hat er für die weitere Zukunft der ethischen Kultur fördernd gewirkt. In dieser Zeit begegnen sich biblisches Lebensverständnis und griechisches Denken, was für das konkrete Leben und religiöse Bewusstsein bedeutsam ist.

In dieser Veränderung verbirgt sich eine allgemeine Verinnerlichung des moralischen Denkens, was man als Gesinnungsethik bezeichnen darf. Wenn die Absicht und nicht das Ergebnis oder der Erfolg das Ausschlaggebende des Handelns sind, dann gewinnt die Ethik einen Aspekt, der Misserfolge im ethisch bestimmten Handeln erträglich macht.

Für unser Thema des gelingenden Lebens ist Seneca insofern bedeutsam, als ohne ein "Mit-sich-im-Reinen-Sein" ein gelingendes Leben nach meiner Einsicht nicht möglich ist. So verstehe ich, kurz gesagt, Seneca.

Die geschilderte Tugendlehre und die Ethik der Stoa, wie sie uns bei Seneca begegnet, scheinen im Alltag sehr hilfreich zu sein. Wegen ihrer Praxisnähe sind sie auch weit verbreitet. Da sie in vielen Gelegenheiten des Alltags, wo es um schnell zu treffende und dennoch einleuchtende Entscheidungen geht, wirklich hilft, bedarf es keiner besonderen Überzeugungsarbeit. Extrem einseitige Entscheidungssituationen in der Natur wie im Sozialen zeigen die Tendenz zum gewaltsamen Ausgleich. Hier ist an Naturkatastrophen wie den Lothar oder an revolutionäre Umstürze zu denken. Erinnern wir uns in die zuvor über viele Jahre dauernde monokulturelle Waldbepflanzung und an die politisch entrechteten bürgerlichen Massen vor der Französischen Revolution. Dieser Hinweis, der leicht zu ergänzen ist, mag genügen, um das Verheerende als Folge der Einseitigkeiten zu begreifen. Was für uns heute eine ethische Selbstverständlichkeit ist, hat seine Wurzeln in der Stoa des Seneca.

Vieles ist möglich, aber nicht alles trifft so zu, wie man es möchte. Wer zwei oder drei Jahrzehnte wöchentlich im Lotto spielt und am Ende dieser Zeit vielleicht einmal zwanzig Euro oder auch gar nichts gewinnt, der hat das Mögliche gewagt, aber sicher das gewünschte Ziel nicht erreicht, außer es ging ihm nur ums Spielen. Und ob der Gewinn von hunderttausend Euro dann glücklich macht, ist auch noch einmal eine Frage für sich.

Ist man jung und jugendlich, dann steht die Welt noch offen. Gewiss kann und soll man da auch etwas wagen. Alles mit Maß und Ziel heißt dann, nichts Unmögliches oder gar Ausgefallenes wagen. Die Ziele nicht zu hoch stecken. Auf der Karriereleiter unbedingt die Spitze erreichen, auf der Stelle unter dem Chefposten niemals bleiben können, die Gewinnmaximierung nie als beendet anzusehen. All das entspricht nicht der Devise "alles mit Maß und Ziel". In unserem Berufsleben ist das zu hoch gesteckt Ziel eher angesagt als die nüchterne Zieleinschätzung, für die die Zufriedenheit kennzeichnend ist.

Das entsprechende Maß, die Ausgewogenheit, die Zufriedenheit beschert, ist schon, seitdem Menschen das eigene Handeln bedenken, ein Leitgedanke. So kam es zur Ausbildung der Tugendlehre, von der man mit Recht, weil gut überlegt, glaubte, sie führe zu dem, worin man später das Gelingen des Lebens sah. Dieses Gelingen, das eine typische Vorstellung oder Begriff der Neuzeit ist, weil er das Wagnis des Individuums im Mittelpunkt sieht, war in der Zeit davor unter allgemeinen Gesichtspunkten bedacht worden. So wurden aus der außer-sittlichen Tüchtigkeit und Besonnenheit die sittlichen Haltungstugenden Klugheit, Gerechtigkeit, Maß und Tapferkeit, die das Mensch-Sein schlechthin auszeichnen. Zu all diesen Lebenshaltungen ist der Mensch schlechthin in der Lage. Sie sind keine ethischen Haltungen außergewöhnlich Begabter. Die Tugenden, die in der Geschichte wegen ihrer Lebensbedeutsamkeit, da sie als für das menschliche Leben führend zu sehen sind, bis heute Kardinaltugenden (von lateinisch *cardo* „Türangel, Dreh- und Angelpunkt") genannt. Durch sie kann man wie durch eine Tür in das Mensch-Sein eintreten. Sie werden zwar heute nicht mehr als so bedeutsam wie in Antike und Mittelalter gesehen. Dennoch sind Gerechtigkeit und

Klugheit sowie Maßhalten nach wie vor zu erstrebende ethische Haltungen, sozial wie individuell.

Da das allgemeine Verständnis dieser Tugenden mit Beginn der Neuzeit von der mehr individuellen Sicht des Lebens und von ganz persönlichen Lebenshaltungen abgelöst wurde, werden Mut, Wagnis, Kreativität, Eigeninitiative, Risikobereitschaft, Streben nach Erfolg Kennzeichen des neuzeitlichen Menschen.

Fast könnte man sagen, was für die alte Welt die Tugend war, ist für die Neuzeit und vor allem die Moderne der Erfolg. Zwar sind sehr wohl Einschränkungen angebracht. Wenn es aber um das Gelingen des Lebens geht, dann ist der Erfolg eher typisch als fraglich, denn auf allen Gebieten wird der Erfolg prämiert.

3. Die entscheidende Wende

Ein neues Zeitalter stellt sich nicht vor wie in einem Umschwung. Von der Vergangenheit zu einer neuen Zeit sind fließende Übergänge, die nicht mit einer fixen Jahreszahl zu bestimmen sind. Die Geschichtswissenschaft arbeitet zwar mit Zahlenangaben. Das geschieht aus drucktechnischen Gründen und Einteilungsbedürfnissen; die Zahlen sind aber kein Spiegel der Wirklichkeit, die immer dynamisch ist und sich in Zeiträumen vollzieht.

Manche Entwicklungen zu Neuem vollziehen sich in Jahrtausenden oder Jahrhunderten, manche in Jahrzehnten. Der Übergang vom Mittelalter zur Neuzeit beginnt bereits im 13. Jahrhundert. Lehrbücher lassen die Neuzeit um 1500 beginnen.

Das Zeitalter, in dem wir leben, hat Entwicklungstendenzen, die sehr kurzlebig sind. Kurz nach 1900 starteten die ersten Flugversuche. 1966 gab es die erste unbemannte, 1969 die erst bemannte Mondlandung.

Technische Geräte des Alltags, medizinische Eingriffe, die noch vor Jahrzehnten als unmöglich galten, sind selbstverständlich. Die alte Welt war in gewisser Weise stabil; für manche ist dieses stabile Erbe ein Grund, konservativ zu denken. Die neue Welt mit ihrer zeitfressenden Dynamik hat Einfluss auf das Gemüt, was in der Lebensbefindlichkeit Spuren hinterlässt.

Da wir alle nicht nur örtlich, sondern auch in einer bestimmten Zeit leben, ist darauf hinzuweisen, dass auch das Bedenken der Zeit wichtig ist; denn alles geschieht und wird auch gedacht in einer bestimmten Zeit, die ganz von ihren Umständen geprägt ist. Man kann diese Umstände das

Zeitkolorit nennen, das zu einer Mentalitäts- und Kulturgeschichte gehört und diese interessant macht.

Das trifft auch für das Folgende zu, in dem einige Grundgegebenheiten, die die Neuzeit im Hinblick auf das Menschsein prägen, kurz zur Sprache kommen sollen. Diese Gründe kann man kirchlich, theologisch, wirtschaftlich, soziologisch etc. sehen. Mir geht es vornehmlich um die Philosophie, weil ich meine, die allem zugrundeliegenden Gegebenheiten der verschiedenen Lebensbereiche in Fragen und Antworten um das Gelingen des Lebens besser verdeutlichen zu können,wenn sie nicht speziell, sondern kulturphilosophisch angegangen werden. Die Philosophie hat Grundstrukturen aufzuzeigen, auf die alles Weitere aus Soziologie, Wirtschaft und Theologie etc. folgt.

Die zunächst zu beschreibende Zeit und deren für unser Thema interessanten Denker werden gewöhnlich in einer statischen Uniformität gesehen. Das gilt vor allem für das Mittelalter, das wie eine gleichbleibende Zeit gesehen wird, und das man deshalb wie eine große Einheit nahm. Schon der Ausdruck Mittelalter weist auf etwas gleichbleibend Uninteressantes, ein Loch in der Geschichte. Er meint die Jahrhunderte zwischen Antike und Neuzeit, wobei die Antike Vorbild für die damals anbrechende Neuzeit war, und man das Alte, das aus dem Mittelalter stammte, überwinden wollte. Die Zeit zwischen Antike und 15./16. Jahrhundert wurde ja leider als eine für und in der Kultur der Menschen vertane Zeit gesehen. So ist das humanistische Denken, das die Neuzeit einleitet.

Ein neues Zeitalter stellt sich nicht dar wie das Ergebnis eines Umschwungs; es sei nochmals betont, da man meinem Eindruck nach gegenteilig, wirklichkeitsfremd urteilt. Es sind fließende Übergänge, in denen das Neue das Alte ablöst. Die Angabe der Jahreszahl geschieht zwar aus buchtechnischen Gründen und Einteilungsbedürfnissen, sie sind aber kein Spiegel der Wirklichkeit.

Die alte Welt war in gewisser Weise stabil; ein Erbe als Fundament konservativen Denkens. Die neue Welt in ihrer zeitfressenden Dynamik wirft vieles über den Haufen und schlägt auch aufs Gemüt, was die Lebensbefindlichkeit stört. Gewiss zwei Extreme. Was wir aber lernen müssen, ist, alles, was ist, ist nicht einfach, sondern wird, mehr oder weniger schnell.

Da wir alle nicht nur zeitlich, sondern auch örtlich, in einer Heimat leben oder es zumindest wollen, spielen neben den zeitlichen auch die örtlichen Gegebenheiten ein Rolle. Das sind zusammengefasst die Lebensumstände.
Dabei geht es uns nicht um die Entwicklung eines philosophischen Lehrgebäudes in einer bestimmten Zeit mit ihren Umständen. Es geht um das Menschliche, d.h. um das, was in Richtung des gelingenden Menschseins bedeutsam ist. Weder tiefer bohrende Beweisführungen noch Autoren der zweiten Reihe, die die Ideen gewöhnlich verbreiten, kommen zur Sprache. Genannt Werden nur einige bekannte Denker, die sich hinreichend um das Humane und die geistige Verfassung des Menschen Gedanken gemacht haben.

Als der das vorneuzeitliche und die Neuzeit einleitende Denker darf gelten Ramon Llull, gewöhnlich genannt **Raimundus Lullus** (1235-1316) mit dem Titel doctor illuminatus. Er lebte zwar im Mittelalter, dachte aber schon wie die späteren Humanisten. Deshalb stand für ihn wie später für Cusanus die Vernunft über dem Verstand. Der

Verstand (ratio) richtet sein Erkenntnisinteresse auf Gegenstände und deren Verbindungen sowie überhaupt auf logische Zusammenhänge. Die Vernunft (intellectus) ist das umfassende Erkenntnisvermögen, das Einsichten vermittelt. So hat die Vernunft Zugang zu den letzten und höchsten Dingen und nicht der Verstand.

Aufgabe des Menschengeistes ist es, sich selbst durch Reflexion zu erkennen, d.h in sich selbst zurückzukehren. So wird auch das göttliche Wirken im menschlichen Geist bewusst. Dieses subjektiv-reflexive Denken wirkte weiter, zunächst in der Mystik bei Eckhart, bei Cusanus und in der Neuzeit.

Weiterhin stellte Lullus den individuellen Menschen ins Zentrum seiner Überlegungen. So beginnt die neuzeitliche Philosophie mit dem Menschen in seiner Subjektivität als Mittelpunkt. Zu dieser Zeit hatte das aristotelische Denken mit der Ausrichtung auf die allgemeine Wesenhaftigkeit, in der auch der Mensch im Allgemeinen gesehen wurde, weithin das Denken beherrscht. Bei Lullus begegnet uns der Beginn einer Alternative.

Meister Eckhart (1260-1328)

Er sucht einen neuen Weg zu Gott, nicht wie die aristotelisch denkenden Theologen. Er will ihn in sich selbst erfahren durch Reflexion und Meditation, unabhängig von den tradierten, gelehrten Begriffen. Da es in der Mystik um das absolut Jenseitige geht, das begrifflich nicht gegeben ist, bleibt nur die von Gott unmittelbar gegebene Erfahrungsgewissheit, die fern ab von jeder Gefühlsverzückung ist, übrig. Das ist möglich, da zwischen Gott und der Seele nach Eckart keine Kluft besteht. Es könnte die Welt nicht geben, wenn Gott nicht in ihr wäre. Und es gäbe beim Menschen keine Ebenbildlichkeit, wenn Gott nicht auch in ihm wäre. Wenn die von Gott erleuchtete Seele Gott erkennt, dann erkennt sich Gott selbst in der Seele. Das bedenkend darf man feststellen. dass das mystische Denken pantheistische Züge hatte; was nicht ganz von der Hand zu weisen ist.

Ein weiterer die neue Zeit einleitender Denker ist

Wilhelm von Ockham (1280-1349)

Da Wilhelm den tradierten Universalismus in Frage stellt und das Erkennen neu begründet, ist er von der Zukunft her zu interpretieren. Deshalb, so beginnt seine Erkenntnislehre, ist unser Erkennen auf konkrete Gegenstände bezogen und nicht, wie die aristotelische Philosophie lehrt, auf Allgemeinbegriffe, die einen in sich bestehenden, also geistig seienden Begriffsinhalt haben. Demnach sind auch nicht platonische Ideen, sondern individuelle Dinge der erste Inhalt unserer Erkenntnis. Allgemeinbegriffe sind nur Hilfsmittel, die wir in uns bilden, um Konkretes zu erkennen. Deshalb sind die konkreten Wirklichkeiten das eigentlich Seiende. Und diese werden intuitiv erfasst.

In der Deutung, die von Aristoteles begründet wurde, bezieht sich die Erkenntnis auf Allgemeines, das als das Wesentliche verstanden wurde und das Viele zu Einheit verbindet, so dass die Erfahrung von Gegenständen zweitrangig ist. Da das konkret Wirkliche und nicht das Wesentliche das eigentlich Seiende ist, muss auch der Erfahrung eine größere Bedeutung zukommen. Dieser Erkenntnisweg führt zum Empirismus. Erfahrung

(Empirismus) ist der eigentlich Weg, der zur Erkenntnis führt.

Noch etwas anderes ist für die Zukunft bedeutsam. Nach Ockham ist nicht der Verstand die Fähigkeit, die vorgegebene Ordnung zu erkennen. Die Ordnung wird vom Willen begründet. So kommt es zu einer neuen Rangordnung. Nicht der Verstand steht über dem Willen, da der Mensch ja erst wissen muss, was er will, sondern der Wille steht vor dem Verstand. D.h. der Mensch wird primär von seiner Aktivität her begriffen. Ohne seinen Willen, der als erstes etwas "wollen will", läuft nichts. Soll es zu einer Erkenntnis kommen, so muss er seinen Verstand gebrauchen wollen.

Auch Gott wird von der Freiheit des Willens her verstanden, d.h. er ist absolut frei. Was folgt daraus für das allgemein verbreitete Gottesverständnis, das ihn vor allem als Schöpfer sieht? Statt der bekannten Welt hätte er auch eine absolut andere schaffen können. Diese Auffassung führt zum Voluntarismus.Wenn der Wille das Primäre und Entscheidende ist, werden alle Ableitungen aus der Erkenntnis der Natur fragwürdig, auch das Naturrecht, das ja eine Ableitung aus der Natur vornimmt.
Der Philosophie von Plato, Aristoteles und Thomas von Aquin mit deren Ordnung der Wirklichkeit setzt Ockham eine Alternative entgegen, die man kurz so kennzeichnen kann als Besonderheit gegen Allgemeinheit, Zufall gegen Notwendigkeit und Willkür gegen Ordnung. Das Wesen der Wirklichkeit vernünftig zu erkennen, ist unmöglich. Feststellungen über die Wirklichkeit, gleich welcher Art, sind nur noch Annahmen. Man denke an die Funktion von Hypothesen. Man kann streiten, ob hier ein Denkweg zum Skeptizismus beginnt.

Ein weithin bekannter Denker ist

Nikolaus von Kues (1401-1464)

Er wird in der neuplatonischen Richtung des Spätmittelalters gesehen, aber auch auch vom Beginn eines neuen Denkens her begriffen. Von daher wird die Latinisierung seines Namens in Cusanus verständlich. Wenn wir an den letzten Autor denken, könnte man sagen, Cusanus sah zeit-entsprechend im Denken des Menschen vor allem dessen schöpferischen Charakter. Den menschlichen Geist als schöpferische Erkenntniskraft zu sehen, ist für ihn darin begründet, dass er ein Abbild des schöpferischen, göttlichen Geistes ist. Die menschliche, schöpferische Erkenntniskraft ist aber beschränkt. Die Frage ist,wie wird sie tätig?

Nach Cusanus ist das Erkennen ein Messen, deren Maßstab die Zahl ist. Dabei war er der falschen etymologischen Ansicht, dass mens (Geist) von mensurare abzuleiten sei. Er sagte sogar,"dass jenes, durch das alles Zählbare gezählt wird, von keiner Zahl erreicht wird". Die im Menschen erzeugte Zahl hat nicht einen reinen, vom Menschen erzeugten Denkinhalt. Sie ist nach Cusanus ein Abbild der ursprünglichen Zahl, die - ganz platonisch gedacht - im göttlichen Geist ist.

Was wir in der Natur erkennen, erkennen wir durch die Mathematik. Was wir sicher wissen, ist bestimmt von den Zahlen, die auf der Eins basieren. Das Verhältnis der Zahlen zur Eins führt zur Erkenntnis des Verhältnisses von Seinsgrund und begründetem Seienden. So hat alles, was gezählt wird, seinen Grund in der nicht mehr zählbaren Einheit; und so geht auch alle Begründung zurück auf etwas, das nicht mehr diskursiv erkannt werden kann. Das ist ein Beweis dafür, dass das mathematische Argumentieren nicht zur leeren Mathematisierung und reinen Quantifizierung der Welt führen muss, so wenig wie das platonische Denken nicht wirklichkeitsabgehoben und weltfremd ist. Das kann Cusanus sagen, weil die Mathematik uns sogar zur Erkenntnis des Unendlichen führt. Stellen wir uns einen Kreis und ein Vieleck vor. Je mehr sich das Vieleck einem Kreis nähert, um so mehr werden beide identisch. Sie werden es aber nicht gänzlich. Das Vieleck bleibt ein Vieleck, auch bei noch so großer Annäherung an einen Kreis. Dass sie identisch werden, ist nur möglich im Unendlichen, in dem sowieso alle Gegensätze sich aufheben. Cusanus nennt die Aufhebung aller Gegensätze im Unendlichen, in Gott, coincidentia oppositorum, d.h. das Größte und das Kleinste, das Schönste wie Hässlichste, selbst das aristotelische Nichtwiderspruchsprinzip, was ist, ist nicht nichts (a ist nicht b und wird es auch niemals sein) werden als Gegensätze aufgehoben und gelten nicht mehr. Dann wird folgerichtig auch der Gegensatz von Gott und Welt aufgehoben, was irgendwie pantheistisch ist.

Die Natur ist göttlich, auch der Mensch, und da Mensch und Welt auch identisch werden, wird dann auch der Mensch zu einer Welt im Kleinen, zu einem Mikrokosmos. Vielleicht darf man sagen, zu einem menschlichen Gott. Das pantheistische Denken des 17. Jahrhunderts scheint hier eine Voranmeldung zu haben.

Dieses Denken hat die Welt göttlich aufgewertet, was dem Monotheismus mit dem Schöpfungsglauben anscheinend nicht gelungen ist, denn die Distanz zwischen Gott und Welt ist in diesem Glauben unendlich und unaufhebbar. Der Schöpfungsglaube schafft trotz aller gegenteiligen

Beteuerungen und christologischen Annäherungen für immer eine Distanz von Gott und Welt, die aufzuheben er nicht fähig ist. Um der Welt dennoch göttlichen Charakter zu geben, kam man auf die Reich Gottes-Idee. Sie ist vielleicht eine Utopie, zwar real und in gewisser Weise notwendig. Aber die Distanz bleibt.

Der ganze auf Überbrückung von Göttlichem und Menschlichem angelegte Fragenkomplex des Mono- und Polytheismus bleibt. Man kann beide sich gegenseitig ausschließende Glaubensrichtungen als die menschliche Lebenswelt vergöttlichend begreifen. Dabei sind diese und ähnliche Versuche zu sehen wie Einbahnstraßen, die auf verschiedenen Wegen, und jede für sich, zum selben Ziel führen. Leicht vorstellbar, wenn wir uns eine Fächeranlage einer Stadt vorstellen. Bildlich gesprochen ist dann das Ziel nicht ein Turm oder Schloss, es ist Gott.

Das hat den Menschen, gleichgültig welcher Richtung, geholfen, im Leben zurecht zu kommen. Die Richtungen mit ihren zahllosen kirchlichen Zwischenformen beweisen ihre Ausrichtung auf das Letzte oder den Letzten. So hatte das Leben ein Ziel und war zu bewältigen.

In der alten Welt haben dem, was der Mensch ist, angepasste Zielvorgaben im individuellen wie sozialen Leben eine Form gegeben. Dabei ging es um den Menschen im Allgemeinen, weniger um den individuellen Menschen. In der neuen Welt ist überhaupt, und das nicht nur im Menschlichen, das Individuelle dem Allgemeinen übergeordnet. Also: Statt allgemeiner Wesenhaftigkeit geht es um konkrete Individualität.

Luther gilt gewöhnlich als Pionier der anbrechenden Zeit. Kirchlich, theologisch, auch zum Teil anthropologisch ist diese Kennzeichnung richtig. Er fragt ja, wie bekomme ich, er sagt nicht.wie bekomme ich als Mensch, einen gnädigen Gott. Sinngemäß und seinem Denken entsprechen hätte er sagen können, I c h Martin.

Wie in Übergangs- oder Krisenzeiten war auch hier ein Durcheinander der Positionen, und das sowohl in der Theologie, der Philosophie und den Wissenschaften. Bei aller Neuheit war Luther ein biblischer Fundamentalist, was man von seinen Vorgängern im Allgemeinen nicht sagen kann.Und zur Philosophie stand er auf Kriegsfuß. Zusammen mit Melanchthon sprach er abfällig von den neuen Erkenntnissen in der Natur; hier wäre Schweigen intelligenter gewesen.

Ähnlich, wenn auch ganz anders, war es bei dem nächsten Autor, der von den neuen Wissenschaft auch nichts verstand. Weil das Kirchliche und Theologische ihm nicht viel sagten, schwieg er. Und statt sich unprofessionell über Wissenschaften auszulassen, schrieb er über Lebensfragen nachdenkend, womit er in die Geschichte einging.

Montaigne (1533-1592)

Fernab von den tradierten Allgemeinbegriffen stellte er den Menschen in den Mittelpunkt seines Denkens. Ein christliches Heilswissen scheint nicht zu fehlen, wird aber nicht thematisiert. Er war katholisch, was aber auf sein Denken keinen direkten Einfluss zu haben schien. Stattdessen schreibt er einen zeitgemäßen "Essai" als Selbstanalyse, um das Ich von allen Selbsttäuschungen zu befreien und einen Zugang zur eigenen Individualität zu gewinnen. So wird in einfacher Sprache alltägliches Benehmen, das fremde wie eigene, bedacht. Man nennt das Popularphilosophie. Vieles von seinen Überlegungen ist zeitgebundenes Meinen. Weil es nur subjektiv ist, will es nur anregen, keineswegs belehren. Dabei ist er vorsichtig und mahnt auch zur Vorsicht, wenn und weil man nicht alle Gründe kennen kann. Sich selbst treu bleiben, ist ihm ein Anliegen.

In den Überlegungen zur Erziehung der Jugend schlägt er eine gewisse Strenge und Abhärtung vor, um mit den späteren Schwierigkeiten des Lebens fertig zu werden. Deshalb ist das Lernen der Selbstbeherrschung ihm auch wichtig. Darüber hinaus sind Weltoffenheit, innere Freiheit und eigenes, selbständiges Urteil als Erziehungsziele, d.h als Lebensausrichtungen, sehr wichtig.

Von der Philosophie, die nach ihm keine Dünkelhaftigkeit, nichts Schulmäßiges und nichts Sauertöpfisches haben darf, schreibt er:"Es gibt nichts Fröhlicheres, Gesünderes, Kurzweiligeres, beinahe möchte ich sagen: Spaßigeres, als sie; ihre Lehren stimmen festlich und glücklich; ein trauriges, ein starres Aussehen deutet an: bei dem ist sie nicht zu Haus. ... Die Seele fühlt sich wohl, wenn die Philosophie in ihr wohnt; diese seelische Gesundheit wird auch auf die körperliche übergreifen. ... schon die ganze Haltung wird von liebenswürdigem Stolz, von einem tätigen und lebendigen Geist und von zufriedener und behaglicher Stimmung Zeugnis ablegen. Das deutlichste Zeichen der Weisheit ist eine immer gleichbleibende Heiterkeit ... ihr Ziel ist die menschliche Vollkommenheit ..."

Gewiss wird hier zu viel an Idealem der landläufigen Philosophie angedichtet. Worum es geht, möchte ich auf einen kurzen Nenner bringen: Das Nachdenken. Dieses führt zur geistigen Überlegenheit, zu einem Über-den-

Dingen-Stehen. So sind ein selbständiges Urteil und eine innere Freiheit möglich.

Philosophie als ein den Alltag begleitendes Denken lässt Erfahrungen entstehen, bereichert das Bewusstsein und macht zufrieden.

Montaigne hat versucht sich selbst und damit auch den Menschen als solchen zu verstehen, um so zu erkennen, wie man leben kann und soll. Die Lebensführung geschieht, so Montaigne, zwischen Freiheit und Endlichkeit, d.h. zwischen beschränkter Verfügbarkeit (Freiheit) und der nicht aufzuhebenden Endlichkeit (Notwendigkeit). Beides kann nur der Mensch bedenken. Bedenkt er den Tod als mögliches Ende und somit als Teil des Lebens und die Geburt als Anfang, dann bedenkt er das Ganze, d.h. wie die Wirklichkeit ist. Dieses Denken, so meint Montaigne, nimmt dem Tod den Stachel. Das Leben so nehmen, wie es ist, als Einheit, heißt realistisch denken. So kann der Mensch leben ohne Illusionen. Realistisch und ohne sich etwas vorzumachen lebt es sich besser. Todkranke geben sich erfahrungsgemäß immer wieder Wunschvorstellungen hin, die sie betrügen. Montaignes` Realismus kann zu einem ernst zu nehmenden Trost führen, um ohne betrügende Unglaubwürdigkeiten auch die letzten Tage des Lebens friedlich zuzubringen. Auch am Ende soll und kann das Leben gelingen.

Pico della Mirandola (1463-1494)

redet ganz anders vom Menschen, nicht Alltägliches bedenkend, sondern den Menschen als freie, individuelle, schöpferische Persönlichkeit begreifend, die sich sogar selbst erfinden kann. So sagt nach ihm Gott bei der Erschaffung zum Menschen: " Keinen bestimmten Platz habe ich dir zugewiesen ... du wirst von allen Einschränkungen frei nach deinem eigenen Willen,...dir selbst deine Natur bestimmen ... Du kannst ins Tierische entarten". Oder " du kannst aus eigenem Willen wiedergeboren werden nach oben in das Göttliche".

Das bedeutet, die Menschen können das sein, was sie sein wollen. Deshalb haben sie eine unvergleichbare Würde, denn weder Tieren noch Engeln kommt das zu. Hier begegnet uns der Mensch zum ersten Mal, man möchte sagen, in seiner absolut-schöpferischen Freiheit. Mögen die Worte schöpferische-Freiheit die Freiheit zu weit fassen, dann besteht am Kreativen der Neuzeit dennoch kein Zweifel. Die Naturwissenschaften und ihre Erfolge im Kosmischen wie Atomaren, das medizinische Können am Beginn des Lebens wie auch nach schweren Unfällen sind ein realistischer Beweis für Picos bildhafte Rede über die menschliche Freiheit, die zu fast Unvorstellbarem fähig ist.

Und dass der Mensch eine einzigartige Würde aufgrund seiner Freiheit besitzt, gehört zur unserer Kultur und deren Wertebewusstsein. Nur Demokratie-fremde und Diktatoren denken anders.

Ob Luther, Montaigne oder Pico, sie sehen den Menschen als Ausgangspunkt ihrer Analysen. Luther bewegt sich im Rahmen von Theologie und Kirche und stellt den Menschen nur Gott gegenüber, wobei die Sündhaftigkeit das Menschsein trübt. Montaigne begreift den Menschen als Besitzer eines gesunden Menschenverstandes. Der für die damalige Zeit hochgebildete Pico weist auf der Höhe der Zeit gedanklich in die Zukunft. Diese hat in Grundzügen begonnen, wird sich aber erst noch entfalten. War das

Gelingen des Lebens, worüber in Antike und Mittelalter sehr viel gedacht wurde, wovon aber niemand gesprochen hat, durch die Tugenden und bei Cicero durch die erbrachte Leistung als anerkannte Würde (dignitas) möglich, so sieht die Neuzeit das Gelingen dessen, was man vorhat, als für das Leben bedeutsam.

Da die Menschen der Neuzeit aufgrund ihres individuellen Bewusstseins sehr verschieden sind, sind ihre Pläne und Vorhaben wie auch das, was als gelungen gilt, nicht so eindeutig zu beschreiben. Deshalb auch die Kennzeichnung dieser Arbeit als Überlegungen.

Bei aller berechtigten Fragwürdigkeit wird der Beginn der Neuzeit gesehen in

Descartes (1596-1650)

Das wirklich Neue ist die Suche nach der absoluten Sicherheit der Erkenntnis. Descartes suchte die absolute Gewissheit, die nicht zu haben ist in dem, was man sieht und hört, auch nicht in dem, was man fühlt. Selbst nicht einfach in dem, was man denkt und schon gar nicht in dem, was man anzweifelt. Wohl ist sicher, dass ich zweifle, besser, als dass ich es bin, der zweifelt. Daran ist nicht zu zweifeln. Und während ich zweifle, muss ich denken. D.h. ich denke, also bin ich (cogito ergo sum) besser, "ich denke, denn ich bin".

Wer ist dieses zweifelnde, denkende, zweifellos existierende Ich? Antwort: Eine denkende Substanz. Der steht gegenüber die ausgedehnte Substanz. Zwei selbständig Seiende.

Der den Menschen erklärende Dualismus von Geist und Körper kann gewisse Erlebnisse nicht erklären. Hohes Fieber kann zur Gedankenverwirrung führen. Der Bericht eines schrecklichen Ereignisses bewirkt Gänsehaut und sichtbaren

Schauder. Gedanken können Ursache der körperlichen Zustände sein wie umgekehrt. In der Annahme des cartesischen Dualismus ist das nicht möglich, da es keine psychisch-physische Kausalbeziehung gibt. Die Dualismusdeutung ist wie eine Glaubensüberzeugung, die immer eine Erklärung als Ausweg parat hat.

Für unsere Frage nach dem gelingenden Leben vermag ich hier im Gegensatz zu den bisher genannten Philosophen keinen Ansatz zu finden. Weshalb wird dann Descartes überhaupt erwähnt? Für Hegel ist er der eigentliche Anfang der Philosophie. Diese Meinung kann man vertreten, wenn es um die Gewissheit geht. Darüber möchte ich nicht spekulieren. Für Heidegger ist der Dualismus von Subjekt und Objekt das "Urbild" der philosophischen Ausweglosigkeit der Moderne.

Nach meinem Verständnis ist das Erleben der Ausgangspunkt für unsere Frage. Und die das Erleben ermöglichenden Ideen oder Gründe gehören, wie die Geschichte der griechischen, der hellenistischen und humanistischen Philosophie beweisen, zur Mitte oder wenigstens zum Rand dieses Denken.

Das Gewissheit begründende Denken Descartes ist für unsere Frage jenseitig, abgesehen von der Einseitigkeit. Diese und ähnliche Einseitigkeiten, die dualistisch begründet sind, kennzeichnen die als vorläufige Hypothese eingeführte lebenbedeutsame Philosophie der kommenden Zeiten.

Ihre Bedeutsamkeit hat sie für die Entwicklung der Wissenschaft und deren Weltbild. Das entspricht der Rolle, die der Mensch nach Pico einnimmt. Er ist nach Descartes"Meister und Besitzer der Natur". Das entspricht der kreativen Stellung nach Pico. Allerdings ging es Descartes um die Entwicklung naturwissenschaftlicher

Theorien, d.h. um zutreffende Beschreibungen von Strukturen der Wirklichkeit und nicht um literarische Darstellungen der Beziehung vom Menschen zu sich selbst und zu seiner, auch das Soziale einschließenden, Lebenswelt. Da die Welt der Neuzeit eine wisssenschaftlich-technische ist, scheint es primär nicht um den Menschen zu gehen. Dem ist aber nicht so. Vielleicht ist sie auf weite Strecken im Grunde eine dem Mensch nur fremd erscheinende Welt. Was ist, müssen die weiteren Überlegungen zeigen. Die Welt ist nach Descartes ein nach göttlichen Gesetzen funktionierender Zusammenhang, den es strukturell für die Praxis zu untersuchen gilt. Aber das alles hat keinen Bezug zum Gelingen des Lebens, außer man sieht alles unter dem Gesichtspunkt des Erfolgs und Misserfolgs, was wohl das neuzeitliche Denken prägt, aber keinen Bezug zu unserer Frage hat.

Benediktus de Spinoza (1632-1677)

Das äußert bewegte und von daher auch interessante Leben Spinozas ist nicht unser Thema. Es wird nur dort genannt, wo es als Lebenshaltung direkt unser Thema berührt.
Autobiographisch erzählt Spinoza : "Nachdem die Erfahrung mich gelehrt hatte, dass vieles wertlos ist, beschloss ich endlich zu erforschen, ob es irgendetwas gäbe, durch das ich eine beständige und höchste Freude auf ewig genießen könne". Fortan erfüllte die Philosophie sein Leben. Im Unterschied zu Descartes fragte er nach dem Glück und schrieb die "Kurze Abhandlung über Gott, den Menschen und dessen Glückseligkeit".
Was Spinoza unter Glück und Denken versteht, soll kurz erläutert werden. Glück, Glückseligkeit und Heil sind identisch. Sie bestehen in der konstanten und ewigen Liebe zu Gott. Heil heißt hier bei Spinoza, dass der menschliche

Geist am Ewigen teilhat. Und das Ewige im menschlichen Geist besteht in dem, was der Mensch vernünftiger Weise einsieht. Der Mensch hat also in seinem Denken Anteil am Geistigen, das nicht einfach nur vorübergehend ist. Wenn der Mensch so am alles umfassenden Geist Anteil hat, wird man an Plato erinnert. Was im Menschen Gestalt gewinnt, ist mittelbar die Macht Gottes, unmittelbar die des Menschen. Beides ist Vernunft, nämlich Denken adäquater Ideen, denen wiederum Ideen im unendlichen Intellekt entsprechen. Dies vernünftige Denken ist Tugend.

Diese Tugend ist wie üblich nicht zielgerichtet, sie ist nicht gedacht als Lohn für ethisch gutes Handeln. Glückseligkeit ist kein Lohn. Die menschliche Tugend besteht in der Erkenntnis und nicht in der willentlichen Aktivität, am Ende in der Gotteserkenntnis. So ist das als menschliche Erkenntnis sich vollziehende Wirkvermögen eine Äußerung der göttlichen Wesenheit im Geiste des Menschen. Die Tugend ist dann nach Spinoza die Identifikation mit dem Göttlichen, das diese Einheit bewirkt. Der Mensch kann das berechtigte Bewusstsein haben, mit dem Ewigen durch den Ewigen verbunden zu sein. Diese Tugend der Verbundenheit durch und mit Gott ist lebensbestimmend und birgt das Leben in einem Großen-Ganzen, jetzt und für immer. In der von Gott erwirkten Erkenntnis Gottes gelingt das Leben.

In der Weise verabschiedet Spinoza das alltägliche Denken und findet den Weg zur Philosophie. Am Anfang dieses Weges steht nicht der Mensch, sondern Gott. Dieser Gott hat die Welt nicht"erschaffen", er ist die Welt. Er ist kein Schöpfer mit Vorstellung und Wille. Er ist Macht oder Wirkung dieser Welt. Wenn er Macht ist, kann man statt dessen auch" Natur" sagen. Weder kann so Gott für den Menschen und die Welt noch der Mensch und die Welt für Gott gleichgültig sein. Die Beziehung Gottes zur Welt ist selbstverständlich und nicht ein Problem wie im Nominalismus, nach dem Gott alles hätte auch anders oder auch gar nicht machen können. Und für den Menschen kann die Erkenntnis des Göttlichen nicht gleichgültig sein, befreit doch die Erkenntnis des göttlichen Natursystems den Menschen von der Unwissenheit. Eine solche Erkenntnis ist wie jede Erkenntnis befreiend. Aber eine solche Freiheit ist erhebend, weil sie ein göttliches Bewusstsein schafft.

Spinoza unterscheidet sich von Descartes und der biblischen Religionstradition des Mittelalters mit der Aufhebung des Gegensatzes von Welt und Gott, Körper und Geist, Diesseits und Jenseits. Beide Bereiche waren bisher absolut getrennt. Dem setzt Spinoza entgegen: "alles, was ist, ist in Gott, und nichts kann ohne Gott sein und begriffen werden"

Gott wird von Spinoza definiert als Substanz. Diese hängt nicht von anderem ab und kann nur in sich begriffen werde. Da vollkommene Unabhängigkeit sie auszeichnet, kann nur Gott als Substanz gelten.

Die Frage ist, wie kommt es zu dieser Erkenntnis Gottes, um Gott als Substanz zu verstehen: Nach Spinoza gibt es drei Erkenntnisarten: Die empirische der Einzelbeobachtungen und deren Zusammenhänge, die verstandesmäßige, die nach allgemeinen Prinzipien, z.B. von Ursache und Wirkung folgert, und die intuitive, die auf Allgemeines gerichtet ist und die etwas Singuläres zum Inhalt hat, nämlich die Totalität des Seins, die einzig ist und konkret.

Weiter argumentiert Spinoza, in der intuitiven Erkenntnis sind Wissender und Gewusstes eine Einheit. Daraus folgt er: Wer das Ganze des Seins denken kann, muss sich auch selbst als Teil des Ganzen denken. Er identifiziert sich mit ihm, bejaht und liebt es. So ist die intuitive Erkenntnis Gottes eine Vereinigung mit ihm in Liebe.

Spinoza wird abgetan als Pantheist, weil er Gott und die Welt identifiziere. Statt Spinoza als Pantheisten abzulehnen, sollte man bedenken, weshalb er und andere die Welt göttlich nennen und somit Gott und Welt identifizieren. Gott in, mit und durch die Welt, d.h. das Göttlich-Weltliche als Einheit erfahren, schenkt dem Menschen ein besonders Bewusstsein der Zusammengehörigkeit und damit eine weltlich-göttliche Geborgenheit. Das Göttliche im Leben als Glück und dann als Sinn zu erfahren oder umgekehrt in der Reihenfolge, ist nachvollziehbar, weil es Lebensgewinn bringt.

Bedingung dafür ist nach Spinoza allerdings Rede-und Glaubensfreiheit für jede Überzeugung.

Starre Institutionen verhindern einen Glauben, der das Leben aufwertet. Sie drehen sich um sich selbst statt die Befindlichkeit der Menschen zu sehen. Ein Glaube als Institution muss weit sein, denn er ist ein Lebensraum, der als Heimat erfahren werden will und soll.

Spinoza hatte eine Religionseinstellung, die ihn auch außerhalb der jüdischen Gemeinde, die ihn radikal ausgeschlossen hatte, in seiner grundsätzlichen Religionseinstellung nicht aus der Bahn geworfen hat-Er entwickelte eine grundsätzlich sinnvolle Lebenseinstellung. Sich in einer göttlichen Welt als Ganzem der Wirklichkeit für immer geistig-seelisch beheimatet zu wissen, ist nur möglich im Vertrauen zu diesem göttlichen Ganzen. Spinoza ist ein besonderes Beispiel gelingenden Lebens in Feindschaft, Ablehnung und Trotz. Er blieb sich treu, weil die innere Überzeugung stärker war als die Unbill des Lebens, die er gerade in der etablierten Religion erfahren musste.

Statt Spinoza als Pantheisten abzuqualifizieren, sollte man bedenken, weshalb Spinoza und andere sogenannte Pantheisten die Welt göttlich nennen und somit Welt und

Gott in gewisser Weise identifizieren. Darüber gilt es nachzudenken.

4. Die Aufklärung - ein gesamteuropäisches Phänomen

Die Neuzeit beginnt in der Literatur gewöhnlich mit der Zeit der Reformation, in der Humanismus und Renaissance sowie der Beginn der Naturwissenschaften und die Entdeckung der neuen Welt bedeutsam sind.

Die Aufklärung beginnt etwa anderthalb Jahrhunderte später, wobei ich gleich vorweg sagen möchte, das Reformationszeitalter war für die Aufklärung einleitend. Bestand diese Einleitung in der Hervorhebung der menschlichen Individualität, so die Aufklärung in Vernunft und Freiheit. Befreiung von Vergangenem und Freiheit für Zukünftiges, wobei man Vernunft und Freiheit als zwei Seiten ein und derselben Sache sehen kann. Hinzu kommt, im Vergleich zur erst genannten Epoche ist die Aufklärung äußerst vielgestaltig. Obwohl auch Adelige mitgewirkt haben, war die Aufklärung doch eine bürgerliche Bewegung. Ich möchte sagen, wesentlich entstanden im mehr oder weniger spontan sich vollziehenden Denken einzelner aus niederem Adel und dem Bürgerstand. Beispiele hierfür sind in England und Frankreich zu finden. Deutschland bildet eine gewisse Ausnahme, da das aufklärerische Denken bis auf Ausnahmen, die es immer gibt, vor allem an der Universität und nicht in der Gesellschaft zu Hause war.

Da unser Denken das Gelingen des Lebens zum Thema hat, geht es zunächst um die Deutung des Menschen und seiner Aktivitäten im Lebensvollzug.

1. Unter Anthropologischem Gesichtspunkt kann die Aufklärung wie folgt gesehen werden:

a) Der Mensch ist ausgezeichnet durch Selbständigkeit. Diese basiert auf einem vernünftigen Selbstbewusstsein.

b) Durch die Vernunft ist der Mensch offen für die Gesamtwirklichkeit,. die sich zunächst zeigt in den drei Faktoren Mensch, Welt, Gott.

c) Weder Religion noch Gesetzgebung können sich dem Urteil der Vernunft entziehen. Die Vernunft prüft auch die Tradition.

d) Der vielfältige Vernunftgebrauch in Denken und Reden ist nur möglich in Freiheit

e) Zur Freiheit gehört unabdingbar die Toleranz.

2. Unter Anthropologischem Gesichtspunkt kann die Aufklärung auch wie folgt gesehen werden:

a) Lösung des Denkens von jeglicher Bindung (z.B. Offenbarungsreligion).

b) Autonomie des Denken. Vernünftiges Selbstbewusstsein.

c) Wissenschaftlichkeit als Erkenntnis und Lebensbestimmender Faktor.

d) Ausbildung einer rational begründeten Lebensgestaltung und Lebensführung: Moral, Pädagogik und Bildung, Gesellschafts- und Staatsverfassung sowie Ökonomie.

3. Die Aufklärung als treibende Kraft in der Kulturgeschichte führte zur Befreiung des Menschen im Denken und im ethischen Verhalten

a) Die griechische Philosophie hat als Grundlage die Natur (physis).

b) Das biblische Denken ist geschichtlich geprägt. Es entwickelt sich so zum Monotheismus, ethisch von der Feindschaft zur Freundschaft oder Feindesliebe, besser zur Entfeindung der Welt.

c) Im Mittelalter wird die Welt als Einheit mit Gott als Urgrund gesehen.

d) Die Einheit der Welt zergliedert sich in Teilgebiete. Das ist die neue.Welt. Der Mensch ist im Mittelpunkt. Alles (Religion, Glaube, Kirche, Ökonomie, Aufbau des Staates, Wissenschaften, berufliche Tätigkeiten u.a.) wird im Gegensatz zum Vergangenen bewusstseinsfähig ganz vom Menschen gestaltet. Die Gottgegebenheit der Zustände ändert sich

e) Die Aufklärung war im 18. Jahrhundert westlich international orientiert, ist allerdings heute eine globale Aufgabe, bei der es ums friedliche Überleben geht

Schlussbemerkung.
Die Geschichte - vornehmlich begriffen als Kulturgeschichte, d.h als vom Menschen gestaltete Lebensverhältnissen - ist verursacht durch die geistige Gestaltungsfähigkeit des Menschen. So sind Verstand (ratio) als geistige Fähigkeit, handwerklich, technisch, wissenschaftlich, medizinisch folgerichtig auf allen Gebieten der Praxis und Vernunft (intellectus) als Vermögen der Lebensweisheit, als Einsicht in die Hintergründigkeit von Natur und Geschichte, in der Lage, das Leben zu gestalten; trotz und wegen aller Gegensätze der Lebens- und Weltgegebenheiten die sogenannte Welt erstens im Einzelnen zu begreifen und zweitens dennoch als Einheit zu sehen. Dazu gehört das Nachdenken, die Selbstreflexion, die zur Weisheit führt.
Im Idealfall gehören Verstand und Vernunft zusammen, wobei die Vernunft den Verstand als Mittel gebraucht wie ihn auch umfasst.

Die Aufklärung war ein Gesamteuropäisches Ereignis, das verschiedene Entstehungszeiten wie auch Überlagerungen und Ausprägungen hatte. Trotz aller Verschiedenheiten und Gegensätzlichkeiten (z.B. Deismus und Atheismus und Offenbarungsglauben) zeigt die Aufklärung, wie oben dargelegt, auch ein einheitliches Gepräge, sonst könnten wir diese Epoche nicht auch übernational charakterisieren. Leider spielt diese Zeit als geistiger Neuanfang in den Bildungs- und Weltanschauungsinstitutionen nicht die ihr gebührende Rolle. Diese Epoche gehört zum Hintergrund unseres Lebensverständnisses. Das ist der Grund unserer Erörterung.

Die Aufklärung in England

Den Ausgang nahm die Aufklärung in England. Als Beispiele für die Epoche sollen die folgenden englischen Autoren mit ihren Ideen für unser Thema genannt werden

Hobbes (1588-1679)

Gegen die Rationalisten behauptet er, es gibt keine Erkenntnis ohne Erfahrung. Und da es ohne Erfahrung keine Vorstellungen gibt, denn diese werden von der Kirche vermittelt und nicht in ihr erfahren, haben wir auch keine von Gott. Die Kirche lehrt nur. So hat sie mit Erfahrung nichts zu tun.

Schon früh wurde sein Leben der Angsterfahrung ausgesetzt. Die spanische Armada näherte sich der englischen Küste und drohte mit einer Invasion. Später war es die Angst vor dem Bürgerkrieg und einem gewaltsamen Tod. Nach einer biographischen Notiz sagte er, meine Mutter gebar Zwillinge, mich und die Angst. Diese

Erfahrungen können seine Vorstellung einer absoluten Staatsgewalt zur Unterdrückung innerer Unruhen erklären.

Der ungeregelte Zustand in seiner Staatslehre dokumentiert das Chaos des gegeneinander Kämpfens, den er darstellte mit dem Bild (homo homini lupus) der Mensch ist des Menschen Wolf. In dem von ihm erfahrenen Gewaltchaos kann nur die absolute Macht des Staates Ordnung schaffen. Ihm hat sich auch die Kirche unterzuordnen. Die Freiheit des Menschen und die Selbständigkeit des Gewissens bleiben dabei unberührt, und zwar deshalb, weil der Staat das Denken nicht kontrollieren kann. Deshalb hätten in einem Staat nach Hobbes Religiöse wie Atheisten leben können.

Hobbes ging es um die äußere Ordnung, die nach ihm vom Staat gewährleistet sein musste. Bei uns garantiert diese das Grundgesetz, das leider nicht mehr fraglos zu gelten scheint. Ein Staat, der nach griechischer Philosophie und nach Hobbes die Gerechtigkeit garantiert, ist wie eine Behausung, in der sich das individuelle wie gesellschaftliche Leben gestalten und entfalten können. Insofern hat eine Staatstheorie nach Hobbes eine bleibende Bedeutung. In einem Staat, der sich vom Gesetz her so versteht, haben Menschen ihr Leben gestaltet, und wie wir aus deren schriftlichen Zeugnissen erfahren konnten, auch ein sinnvolles Leben geführt.

Was in unserem Fragehorizont bedacht werden soll, ist der äußere Rahmen, der zur Entfaltung verschiedener Viten eine nicht unerhebliche Rolle spielt. Ein schreckliches Gegenbeispiel sind Diktaturen und Unrechtsstaaten.

Das politische Denken der Aufklärung ist, obwohl bereits Jahrhunderte vergangen sind, in gewissen Zonen der Erde leider noch nicht angekommen.

John Locke (1632- 1704)

gilt als bedeutender Denker der Aufklärung. "Wohlwollen, gegenseitige Hilfe und Erhaltung" bestimmen die menschliche Natur. Alle Bürger sind gleich und frei. So sagt Locke in derselben Linie denkend vom Verhältnis Mann und Frau. Der Mann schließt mit der Frau keinen Unterwerfungsvertrag sondern einen Ehebund. Dominant ist dennoch der Mann, weil er stärker ist und mehr oder größere Fähigkeiten hat. Die Ethik wird praktisch interpretiert. Gut ist im Privatleben wie im Staat, was nützt.

Grundlage, Berufungsinstanz und Richtschnur der Ethik war bisher griechisch begründet die Natur, biblisch-kirchlich der Wille Gottes. Die Natur wird jetzt vordringlich wissenschaftlich gesehen, und nach den schrecklichen Religionskriegen vom Willen Gottes zu reden, war für alle, die dachten, unmöglich.

Die Erhaltung, ein Wort in seiner ersten Schrift, bei der es um Leib und Leben geht, ist nur möglich durch Eigentum, das aber in den Verderblichkeits- und den Gleichwertigkeitsschranken seine Grenzen hat. Verderblichkeitsschranken besagt, man darf nicht mehr Güter ansammeln, als man verzehren kann; und Gleichwertigkeitsschranke, jeder darf nur so viel an Grund und Boden erwerben, wie er zum Leben braucht. Gleichwertigkeitsschranke heißt auch : So ist die ursprüngliche Natur des Menschen gedacht. Die Erfindung des Geldes hat diesen Naturzustand beseitigt.

Indem die von der Natur eingerichteten Schranken fallen, entsteht durch das Kapital Wohlstand. Zunächst für die Besitzenden, aber am Ende zahlt es sich für alle aus, auch für die Ärmeren.

So ist der Wohlstand, der durch das Kapital geschaffen wird, vernünftig und gut. Auch das Gewinnstreben ist dann gut.

Dann genießt der Kaufmann im Gegensatz zu früheren Zeiten Ansehen, sogar hohes, weil er Gewinn erwirtschaftet. Denn, was nützt, ist gut und wird auch entsprechend geachtet. Das Übrige des private Lebens wird hier ausgeklammert. Was die Menschen, wo es um Besitz, Geld und Erfolge geht, dann noch unterscheidet, ist die Arbeit.

Arbeit ist Leistung, für die es einen Lohn gibt. Und mit diesem Lohn hat jeder die Möglichkeit, sich in der Gesellschaft emporzuarbeiten. Locke spricht einmal von der natürlichen Gleichheit und Freiheit aller Menschen und dann von der Geld schaffenden Ungleichheit, die Unfreiheit ist. Diese Kaufmannsethik, die den Reichen immer reicher, aber den Armen nicht ärmer, sondern auch ihm etwas zukommen lässt, wird als normal akzeptiert, auch anerkennend belohnt. Das Besitzbürgertum wird geehrt, denn wer nichts hat, ist schließlich auch nichts. Das Eigene auf Kosten anderer zu vermehren ist sowohl privat wie national, auch international und für heute global eine Haltung, die allgemein nicht abgelehnt wird. Denn sich emporzuarbeiten, diese Freiheit haben erwiesenermaßen doch alle.

Was hat dieser Zustand mit unserer Frage nach dem gelingenden Leben zu tun? Zunächst nichts, denn es wird keine Anweisung und kein Rat gegeben, wie der Lage zu begegnen ist. Er ist eine Zustandsbeschreibung, auf die später Marx eingehen wird. Die Widersprüchlichkeit von arm und reich löst Locke, indem er sagt, auch die Armen bekommen von dem so gewonnen Reichtum etwas ab. In diese Richtung scheinen auch die heutigen Antworten zu gehen.

Die klaffende Schere zwischen arm und reich könnte der Staat schließen durch eine entsprechende Steuerpolitik. Hier gibt es eine Menge unlösbarer Sachfragen. Statt eine Lösung zu versuchen, die dann doch keine ist,weil ich von der

Geldwirtschaft zu wenig verstehe, habe ich eine Antwort, die die Zustände nicht ändert, aber bewusstseinsfähig dem Normalbürger zum Gelingen des Lebens helfen kann. Wie heißt es, Geld macht nicht glücklich, nur zufrieden.

Das Denken als innere Einstellung zum Leben ist der Anfang des Gelingens. Denken kann nur der Mensch. Deshalb die folgende Überlegung.

Geld ist eine Quantität. Wie die Quantität unendlich teilbar ist, so auch multiplizierbar oder addierbar. Etwas anderes ist mit der Quantität nicht machbar. Nimmt man das Glück oder Gelingen als Geld-Quantität, so erreicht das Quantifizieren nie ein Ende. Nimmt man das Leben aber als Qualität, eine durchaus entsprechende Vorstellung, dann wird es in seinen Höhen und Tiefen durchdacht. Man wird geistig reicher und reifer. Mehr als reif, geht nicht.

Locke war ein sachlich orientierter Praktiker, der die Gegebenheiten nicht danach beurteilte, wie sie sein sollten, höchstens danach, wie sie hätten sein können. Deshalb der Rekurs auf den Naturzustand. Indirekt, so kann man folgern, soll man sich mit dem, was man erreichen konnte, zufrieden geben. Denn im Kapitalismus kann man als Normalbürger, wenn auch nicht protzig, aber immerhin normal leben. Kapitalisten sind nicht immer die glücklichsten Menschen. Zudem ist Glück ein Augenblickserlebnis, Sinn ist von Dauer. Locke hat Zeit seines Lebens geforscht. Das war bedeutsam und sinnvoll. Locke schreibt aus der Sicht des damaligen Bürgertums und dessen Verhältnissen, die in etwa denen des heutigen Normalbürgers entsprechen. Existenzminimum, Elend und bittere Armut sind hier nicht das Thema.

Hume (1711-1776)

Nicht philosophische Beweisführungen über das, was gut und schlecht ist, sind sein Anliegen. Man könnte sagen, seine Begründung für richtig und falsch ist eine psychologische, denn er sagt, das Angenehme bewerten wir positiv und das Unangenehme negativ. Damit unsere Billigungen und Missbilligungen nicht einfach auf Lust- und Unlustgefühle rückführbar erscheinen, nahm er ein Denken an die Mitmenschen an und nannte es Sympathie oder Menschlichkeit und auch Gemeinschaftsgefühl.

In der Linie seiner weiteren Moralerörterung sprach er von einer generellen Norm. der Gelassenheit. Dazu gehören Menschenfreundlichkeit und ein mildes Verhalten in allen Lebenssituationen. Und wenn die Fröhlichkeit alles überschattet, dann geht alles um so leichter. Eine asketische Moral, die von Freudlosigkeit gekennzeichnet ist, fand nicht seine Zustimmung. Ganz generell, aber nicht unzutreffend, kann man sagen, die überkommene Moral war, da diese wesentlich von Mönchen, dem Klerus und der tradierten Philosophie, die von diesen betrieben wurde, asketisch, freudlos geprägt. Diese Moral des Versagens und Verzichtens hatte einen weltverneinenden Charakter, dem Hume seine Lebenshaltung der freudigen Weltbejahung entgegenstellte.

Hilfsbereitschaft in allen Lebenssituationen, mit Verständnis auf den anderen zugehen, das sind nach Hume natürliche Tugenden. Dem steht als Ergänzung gegenüber die Achtung fremden Eigentums, die Vertragstreue, die Achtung des Rechts. Diese Haltungen betreffen die staatliche Rechtsgemeinschaft und sind künstliche Tugenden. Die staatliche Gemeinschaft, die gut funktioniert, ermöglicht auch ein privates Wohlergehen.

Nach Hume muss der Staat kontrolliert werden, damit die Freiheit des Individuums gewahrt bleibt. Aber Freiheit des Individuums darf auch nicht uneingeschränkt.gelten, sonst herrscht Anarchie. Humes Konzeption hat sich als das liberale Staatsdenken durchgesetzt. Er denkt antirevolutionär.

Entgegen anderen religionsphilosophischen Denkern der Aufklärung hält Hume Gottes Existenz für philosophisch nicht erkenn- und beweisbar. Aber der Gottesglaube ist anders erklärbar, d.h. verstehbar. Die Menschen fürchten sich vor Unglück, Leid und Tod, und sie hoffen auf eine künftige Glückseligkeit. Da die Menschen das Leben mit seinem Glück und Unglück nicht erklären können, führen sie die Schicksale auf das Wirken von Gottheiten zurück. Die Frage ist dann, sind hier mehrere Gottheiten am Werk oder nur eine? Hume: Die Frage bleibt nach meinem Verständnis offen. Das ist wegen der Unbeweisbarkeit folgerichtig gedacht.

Allerdings meint Hume, der Monotheismus sei eine Verarmung der Welt im Gegensatz zum Polytheismus. Auch sei der Polytheismus toleranter, besonders gegenüber der Philosophie. Auch kann sich Hume zu keiner eindeutigen Religionsdeutung, weder zum Glauben noch zum Aberglauben entscheiden. Die Indifferenz ist ein Kennzeichen seines Denken.

Die Freiheit des Geistes, die angeblich von der Vernunft gewährleistet wird, ist bei Hume keine eigentliche Frage, da die Wirklichkeit durch die psychologische Erfahrung wahrgenommen wird.

Ein Problem ist die Sicht auf den Willen, der nach dem Prinzip von Ursache und Wirkung abläuft. Dafür als Beispiel: Sieht der Mensch eine Nahrung, dann bekommt er Hunger. Das muss so sein. Manches ist auch Gewohnheit.

Der Inhalt von Vorgestelltem bleibt immer vorgestellt, über dessen Existenz ist erkenntnismäßig nichts auszumachen. Die Erfahrung, wie die des Essbaren genügt.

Was Hume mit seiner psychologischen Begründung der Moral begonnen hat, ist in seiner Argumentationen mehr als fraglich. Die Fragwürdigkeit gilt für manchen Neubeginn und ist nur das Zeichen für einen Neubeginn. Die aufgeworfenen Fragen, Probleme und Behauptungen begleiten die entsprechenden Wissenschaften bis heute. Ohne weiter auf Humes Denken einzugehen, möchte ich als Erkenntnisgewinn festhalten: Auf Erfahrung als entscheidendes Element des Alltags wie der Wissenschaft ist nicht zu verzichten

Die abschließende Kennzeinung der englischen Aufklärung soll verdeutlicht werden durch die Begriffe der Herkunft und Zukunft, die eine Übergangszeit wirklichkeitsnah erscheinen lassen.

Herkunft	Zukunft
Bisher abstraktes Begriffsdenken	Betrachtung alltäglicher Lebensvorkommnisse
Allgemeinheit der Erkenntnisse	Es geht um das Singuläre, im Humanen um Individualität
Denken in abstrakten Begriffen	Sinnliche Erfahrungen
Seele als geistige Substanz	Seele innere Erlebnisqualitäten

Die Aufklärung in Frankreich

Sie ist gekennzeichnet von Persönlichkeiten, die richtungweisend wirkten. Voltaire war der die Gesellschaft am meisten beeinflussende Aufklärer. Eine neue, originelle Idee hatte er nicht entwickelt, aber die allgemeinen Gedanken der Aufklärung bestens propagiert. Ganz anders Montesquieu, der eine Staatslehre für die Zukunft eigenständig verfasste. Die moderne Idee der Rechtstaatlichkeit geht wesentlich auf ihn zurück. Das Projekt der Enzyklopädie, das zwar eine lange Vorgeschichte hat, aber in seiner Art dennoch originell war, ist für die Bildung bis heute bedeutsam.

Die Französische Revolution, vielleicht das wichtigste Ereignis der politischen Geschichte der Neuzeit, darf als Abschluss wie Ergebnis der französischen Aufklärung beurteilt werden.

Der Beginn dieser Entwicklung, die wesentliche Ideen dieser und der kommenden Zeit hervorbrachte, wird in Folgendem erläutert.

Pierre Bayle (1647- 1706)

Er gilt als der Initiator der Aufklärungsphilosophie Frankreichs. Er ist ein scharfer Denker, was er in der Geschichtsphilosophie bewiesen hat. Mit ihr steht er in totalem Widerspruch zu Descartes. Und im Gegensatz zu unserem heutigen historischen Denken ist bei ihm nicht die gesicherte Tatsache der Ausgangspunkt für die weitere historische Beurteilung. Die Tatsache, um die es geht, ist das Ende. Er will den Weg zu dieser "Wahrheit von Tatsachen" aufzeigen. Zur Erklärung: Zunächst gibt es für uns das Faktum, dann die Beschreibung. Ihm geht es um die Sicherung des Faktums, das zunächst alles, nur nicht sicher ist. Das soll ein Beweis für sein bohrendes Denken, das auch in den Aufgaben der übrigen Aufklärung zu finden ist, sein.

Die Erforschung der Wahrheit hat als Hemmnis nicht Unwissenheit und Irrtum, auch nicht den Zweifel. Das Dogma ist der gefährlichste Feind des Wissens. Die Richtung, wie das Wissen gewonnen wird, muss stimmen. Der Trug, d.h. die Unkenntnis, die sich als Wahrheit erklärt, gibt eine falsche Richtung an. Darum ist nicht der Unglaube, sondern der Aberglaube der eigentliche Feind der Wahrheit. Täuschung und Perversion des Geistes führen zu diesem Aberglauben, von dem Bayle sagt: "Der dogmatische Aberglaube ist der Teufel im Geist des Menschen". Nach ihm ist nicht der Atheismus, sondern der Götzendienst, nicht der Unglaube, sondern der Wahnglaube das Übel. Deshalb steht der Atheist Gott womöglich näher als der abergläubische Christ. Im Ergebnis will er eine Erweiterung des Gottesbegriffs. Deshalb will er Freiheit der Religion in jedweder Form, nicht nur für ganz bestimmte Glaubende. Zwang ist zu verwerfen.

Was unterschiedslos zu gelten hat, sind die Grundsätze des Ethischen. Der Philosophie ist es zu verdanken, dass die Religionskriege überwunden sind, und dass Juden, Lutheraner, Katholiken, Kalvinisten und Wiedertäufer brüderlich zusammenleben und zum Wohl des Ganzen dienen. Nicht im Glaubenskrieg, im Glaubensfrieden wird sich die Wahrheit und Wesenheit Gottes zeigen.

Zusammenfassend ist festzuhalten. Bayle ist ein "Geisteskämpfer" für unbedingte Toleranz, im Sinne geistiger Freiheit, auch gegenüber Atheisten, gegen Dogmatismus und, weil im Sinne Bayles wieder Zwang einträte, für eine Trennung von Kirche und Staat.

Voltaire (1694-1778)

Er war in seiner Zeit der einflussreichste Aufklärer Frankreichs. Für die französische Aufklärung die Jahrhundertgestalt, obwohl er wie die anderen Aufklärer weder eine Erkenntnistheorie noch eine Ethik oder den Ansatz eines wissenschaftlichen Systems entwickelt hat. In England lernte er die Philosophie Locks und die newtonsche Physik kennen. Er verstand sich als Literat, und in der Gesellschaft war er, da er sein umfangreiches Wissen überzeugend an den Mann bringen konnte, einfach der Philosoph. Er war der scharfsinnigste und umtriebigste Intellektuelle des 18. Jahrhunderts in Frankreich.

In England lernte Voltaire den Deismus kennen. In diesem Zusammenhang wurde für ihn die Moral interessant, denn diese verbessert die Menschen. Was mit der Moral für Voltaire überhaupt nicht vereinbar ist, ist der Dogmatismus. Für ihn führt der Dogmatismus unweigerlich zum Fanatismus. Das ist ein entscheidender Grund für die Gegnerschaft Voltaires zur katholischen Kirche. Dabei blieb es aber nicht.

In der Mitte des 18. Jahrhunderts gab es eine unvorstellbare Erschütterung, wie sie Europa in diesem Ausmaß noch nicht erlebt hat: das Erdbeben von Lissabon 1755.

Zuvor schrieb Leibniz eine Abhandlung von der besten aller Welten, und dann dieses unvorstellbar schreckliche Ereignis; dazu noch an Allerheiligen. Es hat viele Menschen ins Unglück und in den Tod gestürzt. Jetzt noch an eine Weltvernunft zu glauben, war kaum möglich. Jetzt rückte der Mensch in den Mittelpunkt der Weltbetrachtung. Er und nicht Göttliches wurde zum Ausgangspunkt der Weltsicht; er wurde zum Maß aller Dinge, wie schon Plautus sagte, und nicht die göttliche Vernunft.

Erst nach vielen negativen Erfahrungen trennte sich Voltaire von seinem Optimismus. Als ein früherer Lehrer versuchte, ihr Gespräch auf hintergründige Fragen zu bringen, sagte Voltaire: "Bestellen wir unseren Garten". Hier wird ohne Umschweife klar, die Praxis war sein Anliegen. Er war Literat. Ihm ging es um die darlegende Erklärung des bereits Gedachten und nicht um eine philosophische Begründung.

Voltaire beschäftigte sich mit Locke, den er für den ersten Aufklärer hielt, der aber kein Atheist war, denn er glaubte, der Atheismus verderbe die Jugend. Ähnlich denkt auch Voltaire, wenn er sagt, wenn Gott nicht ist, dann ist es notwendig, ihn zu erfinden. Allerdings zeigen seine Auffassungen auch Widersprüche. Gott ist einmal eine intelligente Ursache wie ein Uhrmacher, eine Quelle der Tugend. Und dann sieht er Gott auf dem Hintergrund von Lissabon. Einmal schreibt er seine Überzeugung, und dann für den Gewinn einer Preisfrage.

Der Ruf Voltaires an den königlichen Hof Friedrichs II. und das Leben dort, wird von beiden zunächst lobhudelnd geschildert. Später wird auch des Königs Lieblingsphilosoph Christian Wolff, Professor in Breslau, als für den König unverzichtbarer Teil der Hofgesellschaft genannt. Voltaire fühlte sich diesem Universalgelehrten unterlegen. Nach dem Scheinbaren kommt das Wahre an den Tag. Der König und Voltaire verstehen sich nicht sonderlich gut. Und so kommt es auch zum Bruch.

Voltaire ist bedeutsam durch seinen Kampf gegen weltanschauliche Intoleranz und religiösen Absolutismus. Für uns heute sind diese Gegenpositionen ein Erbe der Aufklärung und ein wichtiger Faktor für ein gelingendes Leben. Intoleranz und geistige Enge können von ihrem Wesen her die Weite des Optimismus, der ein gelingendes Leben ermöglicht, nicht schaffen. Wen kirchliche

Glaubensgewissheit glücklich macht, ist nicht eindeutig zu beantworten.

Die Aufklärung darf als eine Bildungsrevolution gesehen werden. War die Reformation der Beginn einer Wende im Glaubensbewusstsein, so die Aufklärung eine im Weltbewusstsein und in der Selbsterkenntnis.
Für die Welt- und Selbsterkenntnis sind die neuen Wissenschaften und die Enzyklopädie bedeutsam zu nennen.
In der Selbsterkenntnis sieht der Mensch seine Stellung in der Welt neu. In der alten Welt offenbarte sich Gott dem Menschen, in der neuen Welt fragt der Mensch nach Gott. Einmal ist Gott aktiv, dann der Mensch. Jetzt steht der Mensch und nicht Gott im Mittelpunkt. Und primär interessiert den Menschen das Zusammenleben, ethisch, sozial, politisch. Letzteres sei mit folgendem erklärt.
Zu Beginn der Neuzeit war das Blickfeld des Menschen auf das Ganze gerichtet. Dieses Ganze war die Welt, aber nicht abstrakt. Es war die Welt in ihrer geographischen Weite, in ihrer kosmischen Universalität und ihrem Völkergemisch. So bekam das Wissen den Charakter der Universalität, auch wenn das Interesse das Singuläre im Blick hatte, weil man nicht das Allgemeine, sondern das je Einzelne als die Wirklichkeit begriff.
Die herkömmliche Philosophie hatte die Wirklichkeit mit den Begriffen Sein und Wesen, Substanz (das Selbständige) und Akzidenz (Erscheinung der Substanz in Größe, Farbe und anderen Eigenschaften) wie Ursache und Wirkung erklärt. So konnte min in der stetigen Veränderung der Weltgegebenheiten das Bleibende, das man als die eigentliche Wirklichkeit der Dingwelt wie auch der geistigen Erkenntnis sah, feststellen und erklären. Grund: Was immer ist,wie es ist, ist das wirkliche, eigentliche Sein. Dieses

Bleibende ist eine jenseits der Natur (meta-physis Metaphysik) befindliche und diese begründende Wirklichkeit. Nochmals sei betont, diese Welterklärung ist, weil metaphysisch, wie erklärt, statisch.

Mit der Aufklärung wird der Zugang zur Welt und die Sicht auf diese rationalistisch, empirisch, intuitiv und psychologisch. Die Neuheiten des Denkens zeigen sich als exakte Wissenschaften, als Gesellschafts- und Staatstheorien sowie im Rechtsdenken, dazu in der aufkommenden Ökonomie und in der praktischen Ethik.

Die Offenheit für die Breite des Wissens fand das entsprechende Verständnis bei den Enzyklopädisten Diderot und d´Alembert sowie bei den 144 Mitarbeitern, die das Gesamtwerk von 1751 bis 1780, 1759 verboten, edierten. Der bezeichnende Titel des Werkes lautet in der Übersetzung "Enzyklopädie oder ein durchdachtes Wörterbuch der Wissenschaften, Künste und Handwerke". Diderot gibt als Ziel an, "dass unsere Enkel nicht nur gebildeter, sondern zugleich tugendhafter und glücklicher werden, damit wir nicht sterben, ohne uns um die Menschheit verdient gemacht zu haben". Deshalb wollte man alles Wissen in Theorie und Praxis verbreiten. Da man die Artikel in der Reihe des Alphabetes angeordnet hat, wurde kein Artikel bevorzugt.

Was die Aufklärung mit dem Lexikon geschaffen hat, ist einmalig; vielleicht das Einflussreichste der Aufklärung neben der Staatstheorie. Schließlich ist es vorbildhaft bis heute.

Hier wird durch die Worte Diderots und die Enzyklopädie deutlich, Bildung und Ethik waren wichtige Ziele der Aufklärung. Diese beiden Ziele bestimmen auch heute die Jugendpädagogik. Der Hinweis auf weitere Frage erübrigt sich.

Montesquieu (1689-1755)

Als der erste Band der Enzyklopädie erschienen war, schrieb der Rechtsgelehrte Montesquieu sein Werk "Vom Geist der Gesetze", das dann in zwanzig Auflagen in ganz Europa Verbreitung fand. Die katholische Kirche setzte dieses Werk auf den Index der verbotenen Bücher. Ein Faktum, das für sich spricht.

Montesquieus Frage ist, was kann man gegen die Turbulenzen, dieses Auf und Ab im Staats- geschehen tun, so dass eine Stabilität im Staat und Ruhe bei den Bürgern gewährleistet ist. Ehrgeiz einzelner, der leicht maßlos wird, und Machtgier, die keine Grenzen kennt, wie auch die Pöbelherrschaft, die scheinbare Gleichheit schafft, sind keine Lösungen. Es geht um das rechte Maß im Ganzen.

Montesquieu hat das Problem gründlich durchdacht und sah die Lösung in der Teilung der Gewalten des Ganzen. So teilte er den Staat in die regierende Gewalt und die gesetzgebende Gewalt. Dazu "erfindet" er noch die richterliche Gewalt. Legislative, Exekutive und Judikative sind seitdem die Garanten eines einigermaßen gut funktionierenden Staatswesens. Die Unabhängigkeit der Justiz sorgt dafür, dass die Bürger nicht willkürlich behandelt werden. Die Justiz garantiert die Gerechtigkeit in diesem Staat.

Dazu müssen aber noch andere Grundvoraussetzungen oder Zielvorstellungen kommen: die Gleichheit, die Freiheit und die Toleranz; und diese vor allem in der Religion. Die praktischen Lösungen, wer Regierungsgewalt erhält, was mit der Gleichheit in Bezug auf die Sklaverei zu geschehen hat, wie man es mit der Volksvertretung machen soll, sind Fragen, zu denen seine zeitbedingten Vorschläge uns heute fraglich erscheinen.

Was neben dem Dreigestirn der Gewalten heute eine besondere Rolle spielt, ist nach meinem Verständnis die Publizistik. Die hat wie ein Machtfaktor heute im Gegensatz zu Montesquieus Zeiten entscheidenden Einfluss. Dabei ist selbstverständlich zu fragen, wie und ob sie mit den anderen Gewalten vergleichbar ist ? Wie ist ihr einseitiger Einfluss, wenn es durch gewisse Machtfaktoren zu offensichtlichen Fehlentwicklungen kommt, einzuschränken? Ich erinnere hier an die Lage am Ende von Weimar und den Beginn der Naziherrschaft. Die Naziherrschaft ohne den Einfluss der Presse ist nicht beschreibbar. Die Konsequenzen der journalistischen Machteinflüsse für das Privatleben dürfen hinreichend bekannt und auch so vorstellbar sein.

Was unsere Frage nach dem gelingenden Leben betrifft, kann man sagen, ein rechtlich geordnetes Staatswesen ist normalerweise Grund und Voraussetzung oder Bedingung für menschenwürdiges Leben, privat wie gesellschaftlich. Beweise liefert das 20. Jahrhundert hinreichend. Staatsgewalt, die nicht geteilt ist, führt fast immer zu Unrechtsverhältnissen. Denn wo kein unabhängiges Recht herrscht, regiert diktatorische Willkür. Ein humanes, sinnvolles Leben ist dann nur noch ein Traum;
man hat Glück, wenn der nicht im Gefängnis stattfindet.

Wir haben uns, da wir Jahrzehnte in politisch geordneten Verhältnissen leben, an die Normalität gewöhnt, weshalb die politischen Voraussetzungen für ein gelingendes Leben, weil alles so selbstverständlich ist, kaum bedacht werden.

Nochmals sei betont: Die Frage nach einem gelingenden Leben muss die allgemeinen Rahmenbedingungen in Gesellschaft und Staat in die Überlegungen mit einbeziehen, denn die Frage wird leicht zu eng, d.h. nur im direkt persönlichen Umfeld gesehen und einseitig beanwortet. Der ganze "Rahmen " von Gesellschaft und Politik bestimmt unser Dasein. Was ein Hintergrund ist, wird auch hier zu wenig bedacht.

Die Aufklärung in Deutschland

Die Aufklärung in Deutschland ist mit der in England wie in Frankreich vergleichbar, sonst würden wir nicht von einer Epoche sprechen. Die deutsche Aufklärung hat aber einen von den genannten unterschiedenen Charakter. In Frankreich beginnt das neue Denken mit Descartes. Das aufkommende, aufklärende Denken bestimmt die Gespräche und Stimmungen in den Salons. Der die Franzosen kennzeichnende Charakter, radikal Neues einfach zu wagen – man denke an de Gaulle, auch an Macron oder die Revolution – scheint in diesem Jahrhundert zum ersten Mal geschichtlich bedeutsam zu werden. In England begann das Denken der Aufklärung im konkret individuellen wie kollektiven Lebensvollzug. Die englischen Aufklärer dachten lebensnah. In Deutschland, in dem die Tradition der Metaphysik und das geschichtliche Denken eine Rolle spielen, begann all das, was Aufklärung beinhaltet, an den Universitäten, wo es auch bis auf Ausnahmen geblieben ist. Das ist der Grund, weshalb die Aufklärung in Deutschland gesondert gesehen wird. Die Auswirkungen auf die Bibelwissenschaften zeigen deutlich die Besonderheiten.
Wolff steht in Deutschland zwar nicht am Beginn der Aufklärung. Da er aber der Lehrmeister mehrerer Universitätsphilosophen der Aufklärung war und für diese Zeit typisch wurde, soll sein Denken einleitend dargelegt werden.

Christian Wolff (1679 – 1754)

Er war in Deutschland der einflussreichste Philosoph der Aufklärungsepoche. Seine Schüler vertraten seine Philosophie an den Universitäten im Norden wie im Süden. Seine Gegner waren hintertriebene Pietisten in Halle, die es mit unwahren Einflüsterungen schafften, dass Friedrich I. Wolff unter Androhung der Todesstrafen durch den Strang aus Halle vertrieb.

Wolff, der verschiedene Wissenschaften intensiv studiert hatte, strebte danach, die Philosophie zur methodischen Leitwissenschaft zu machen. In diesem Zusammenhang und Gedankengang suchte er zu zeigen, dass die nichtchristliche Ethik der Chinesen, die durch die Jesuiten als vorbildlich erklärt wurde, mit einer auf Vernunft gegründeten Ethik übereinstimmt. Friedrich II. hatte dann 1740 Wolff rehabilitiert.

Nun wurde Wolffs Philosophie für mehrere Generationen zur maßgebenden Denkrichtung. Sein Rationalismus beseitigte die Selbständigkeit des Offenbarungsglaubens und der Orthodoxie. Er förderte eine undogmatische Frömmigkeit aus moralischer Notwendigkeit. Die Natur sah er teleologisch und folgerte aus deren Zweckmäßigkeit die Möglichkeit einer Gotteserkenntnis.

Wolffs Werke hatten über Deutschland hinaus gesamteuropäischen Einfluss. Seine naturwissenschaftlichen mathematischen und teleologischen Schriften hatten Anklang in Russland gefunden. Kant rühmte ihn als Erfinder des "Geistes der Gründlichkeit".

Typisch waren für ihn die Aufklärungsbegriffe wie Tugend, Glück, Fortschritt. Wörtlich schreibt er zur ersten Auflage seiner Schrift "Vernünftige Gedanken von Gott, der Welt und der Seele des Menschen, auch allen Dingen überhaupt": "Da ich von Jugend auf eine große Neigung gegen das menschliche Geschlecht bei mir gespürt habe, so dass ich alle glückselig machen wollte, wenn es bei mir stünde, habe ich auch mir niemals etwas angelegener sein lassen, als alle meine Kräfte dahin anzuwenden, dass Verstand und Tugend unter den Menschen zunehmen möchten".

Wolff war auch Sprachschöpfer. Aus der conscientia wurde bei ihm Bewusstsein. Seine Begriffe Aufmerksamkeit und Bedeutung finden sowohl in der philosophischen wie der literarischen Sprache ihre Verwendung.

Für die ganze Aufklärung ist ein weiteres Kennzeichen der Rationalismus, der zuerst in England auftrat und gegen den Empirismus (Erfahrung) Stellung bezog. Aus der Vernunft hat man das Wesentliche der Religion abgeleitet (deduziert). Rationalismus als Verstandeskritik, Optimismus als Fortschrittsglaube sollen eine Verbesserung aller Verhältnisse bewirken.

Trotz aller Versuche, diese Zeit außer als Aufklärung einheitlich zu begreifen, ist sie wie alle Übergangszeiten widersprüchlich. Empirismus steht gegen Rationalismus, Deismus gegen Atheismus, Rechtsdenken gegen Anarchie u.a. - Nur dass die Kirchen, soweit sie nicht abzuschaffen waren, geändert werden sollten, darin scheinen sich alle einig gewesen zu sein.

Trotz aller Unterschiedlichkeit hat man das Denken der Aufklärung zusammengefasst gesehen als physiologisches, neologisches und humanes Denken. Die folgenden Denkrichtungen sollen das näher erläutern.

Die Physikotheologie

Sie besagt, die Natur ist so zauberhaft schön und so wunderbar geordnet, dass es leicht ist, für sie einen hervorragenden Baumeiser anzunehmen. Man führt keinen Gottesbeweis. Gott ist deshalb so viel wie bewiesen. Man wollte nur die Anschauung Gottes in der Schöpfung anschaulich machen. Die Herausforderungen durch Wolff führten zu einer neuen Form der Aufklärungstheologie. Dabei ist die deutsche Religionskritik nicht so radikal wie die französische. Nicht die Existenz Gottes steht als Allererstes in Frage, sondern die Lehre über Gott und die Religion.

Zunächst geht es um Lessing von Wolfenbüttel (1729-1780), der mit seinen Fragmenten einen Skandal auslöst. Lessing stützt sich auf Spinoza und hält die Bibel für Menschenwerk. Allerdings ist die Bibel recht gut, weil sie gerade ungebildete Menschen dazu führt, sich sittlich zu benehmen. Das Christentum durch eine natürliche Religion zu ersetzen, lehnt er ab. Denn Überlegungen der Vernunft, die sich auf die Beschaffenheit der Welt beziehen und Antworten auf das Warum geben, sind verschieden. In den Vernunftwahrheiten geht es um einsehbare Beweise in Zusammenhängen oder Abläufen der Natur. Dem religiösen Glauben geht es um "Zeugnisse und Erfahrungssätze", die von Menschen handeln. Danach sind Wunder Zeugnisse aus vergangener Zeit und nicht Unsinn. Die Religionskritik richtet sich nicht auf den Irrtum, da schließlich alle irren. Nicht ein beschränkter Glaube sondern die Intoleranz ist in der Religion das Übel. Also geht es nicht darum, was man glaubt, sondern wie man glaubt. So ist der Glaube entweder menschlich oder inhuman.

Dazu hat Lessing mit dem Drama "Nathan der Weise" das Nötige gesagt. In der darin enthaltenen Ringparabel erzählt Lessing von einem Vater, der einen Ring mit einem wunderbaren, weiterzuvererbenden Vermögen besitzt. Dieser Ring macht den Besitzer Gott und den Menschen wohlgefällig. Der Vater möchte keinen seiner Söhne benachteiligen. Deshalb lässt er zwei Nachahmungen machen, die so gut gelingen, dass man die drei Ringe nicht unterscheiden kann.Als es zum Sterben kommt, gibt er jedem seiner Söhne einen Ring und lässt ihn in dem Glauben, er sei der Einzige, der den einzig kostbaren Ring bekommt. Nach dem Tod sind alle verblüfft und wenden sich an einen Richter, der ihnen rät, jeder solle sich so benehmen, als trage er den echten Ring.

Die drei Ringe sind ein Symbol für die drei monotheistischen Religionen, von denen jede die wahre sein will. Nach der Parabel kommt es letztendlich nicht auf die Wahrheit der Meinung, sondern auf die Wahrheit, die sich in der Ethik offenbart, an.

Das passt auch gut zu Lessings Deutung der ganzen Religionsgeschichte, die ein ethisches Ziel hat. Das Alte Testament mit dem Ein-Gott-Glauben ist der erst Schritt dahin. Das Neue Testament mit Christus als Lehrer der Unsterblichkeit der Seele ist der zweite Schritt. Das Ende der Geschichte ist eine vernünftige Religion, zu der sich die Menschen bekennen; sie brauchen keinen Erzieher mehr. Aus eigener Einsicht und Souveränität tun sie das Gute.

Über die einzelnen Stufen dieses Entwicklungsschemas kann man argumentativ streiten. Dass wir heute an einer neuen Entwicklungsstufe stehen, dürfte sich aus dem Für und Wider der Argumente dessen, was Religion als ihre eigentliche Aufgabe erfüllen soll, ergeben.

Dass Toleranz oder gegenseitige Anerkennung die Basis der Religionsauseinandersetzung ist, muss man für so selbstverständlich halten wie jegliche Alltagsfloskel in der Begegnung. Leider ist das Gegenteil die Selbstverständlichkeit.

Interessant als Abschluss der Epoche wie auch für uns heute ist, was Kant schreibt in "Beantwortung der Frage: Was ist Aufklärung". Er schreibt:"Aufklärung ist der Ausgang des Menschen aus seiner selbst verschuldeten Unmündigkeit.

Unmündigkeit ist das Unvermögen, sich seines Verstandes ohne Leitung eines anderen zu bedienen. Selbstverschuldet ist diese Unmündigkeit, wenn die Ursache derselben nicht am Mangel des Verstandes, sondern der Entschließung und des Mutes liegt, sich seiner ohne Leitung eine andern zu bedienen. Sapere aude! Habe Mut dich deines Verstandes zu bedienen". Weiter schreibt er:" Es ist so bequem unmündig zu sein... Ich habe nicht nötig zu denken, wenn ich nur bezahlen kann". ..."Es gibt nur wenige, denen es gelungen ist,.., sich aus der Unmündigkeit heraus zu wickeln und dennoch einen sicheren Gang zu tun. ..."Zu dieser Aufklärung wird nichts erfordert als Freiheit"..."Was ist hier Freiheit?"..."von seiner Vernunft in allen Stücken öffentlichen Gebrauch zu machen". ..."Wenn denn nun gefragt wird: Leben wir in einem aufgeklärten Zeitalter? So ist die Antwort : Nein, wohl aber in einem Zeitalter der Aufklärung...in Religionsdingen sich ihres eigenen Verstandes ohne Leitung eines andern sicher und gut zu bedienen, daran fehlt noch sehr viel."....Ich habe den Hauptpunkt der Aufklärung...vorzüglich in Religionssachen gesetzt "..." überdem auch je Unmündigkeit, so wie die schädlichste, auch die entehrenste unter allen ist".

Ausgangspunkt der deutschen Aufklärung war, wie hinlänglich erklärt, die Physikotheologie. Sie war in ganz Europa verbreitet. Die zahlreiche physikotheologische Literatur, in der die naturwissenschaftlichen Erkenntnisse auch ohne die religiösen Aussagen gelesen werden konnten, ließen das Religiöse nach und nach in den Hintergrund treten und das physiologische Theologisieren allmählich aussterben. Die theologische Bewegung, die dann folgte, war die Neologie.

Die Neologie (ein Begriff des 20. Jahrhunderts)

Sie gab der Erfahrung eine entscheidende Bedeutung und wollte die protestantische Tradition und das moderne Bewusstsein zusammenführen. Dadurch sollte die individuelle Religiosität gestärkt werden. Vor allem in der Bibelauslegung und in historischen Arbeiten entfaltete sich die Neologie. Die Bibel wurde nach der allgemeinen philologisch-historischen Kritik bearbeitet. Man ist der Meinung, die Schrift als Offenbarung wurde dabei nicht in Zweifel gezogen; eher kann man sagen: Die Offenbarung war in der Breite der Möglichkeiten von der Akzeptanz bis zur Ablehnung, wobei dazwischen die verschiedenen Interpretationen und auch die blindgläubige Annahme zu erwähnen sind, ein zentraler Gegenstand.

Von herausragender Bedeutung war der in Halle lehrende **Semler** (1725-1791), der als Lehrer eine "freie theologische Lehrart" vertreten hat. Er grenzte sich von dem ihn bekämpfenden Pietismus und der Orthodoxie ab und entwickelte eine eigene Aufklärungstheologie.

Die Verbalinspiration (Gott selbst spricht in den biblischen Texten) lehnte er ab. Deshalb keine Gleichsetzung von Schrift und Offenbarung, die bisher galt. Deshalb vertritt Semler eine radikale Trennung beider, was andere, die der Schrift in einem weiten Sinn Offenbarungscharakter zusprachen, nicht taten.

Weiterhin sind nach ihm zu unterscheiden Religion und Theologie, d.h. mündiges Glaubensbewusstsein von professioneller Beschäftigung mit Religion. Auch Kirchenlehre und private Religiosität sollen getrennt werde.

Die weitere Folge der Aufklärungstheologie stand ganz eindeutig unter dem Strukturprinzip des Rationalismus.

Der theologische Rationalismus

J.L. Schmidt (1702 - 1749)

Er übernahm den deistischen Gottesbegriff und lehnte die Trinität und Offenbarung ab. Er tat einen wichtigen Schritt zu einer "freien, aufgeklärten", in Fragen des Verhältnisses von Gaube und Vernunft denkfähigen Öffentlichkeit.

C.-F. Barth

anerkannte nur noch die natürliche Religion. Er bestreitet die Trinität und lässt Christus nur noch als mit göttlicher Weisheit geprägten Menschen gelten. Die traditionelle Versöhnungslehre mit ihren Voraussetzungen und Konsequenzen lehnte er ab. Das Wunderhafte Jesu wird auf den Enthusiasmus seiner Jünger zurückgeführt. Auch Jesus hatte nach ihm kein anderes Ziel als eine Vernunftreligion, um dadurch die Glückseligkeit zu fördern.

Reimarus (1694-1768)

In Hamburg Professor für Orientalistik. Er ist Deist. Wunder und Offenbarung lehnte er ab. Religion und Offenbarung müssen vernunftreligiös sein. Die Welt ist kontingent und hat ihre Ursache in einem Wesen, das gütig und weise ist. Aus Gottes Vollkommenheit resultiert die Vollkommenheit der Welt. Die Zweckmäßigkeit der Natur weist auf dieses Wesen. Wenn Gott und die Welt so sind, dann gibt es keine nachträglichen Eingriffe. Dann gibt es auch keine Offenbarung. Die Welt ist ja vollkommen, begründet in der Vollkommenheit Gottes. Und das Weltbild des aufgeklärten Menschen ist das der Vernunft, d.h. des mechanischen Denkens. Die Zeugnisse mit Offenbarungsanspruch müssen geprüft werden, ob sie widerspruchsfrei und Gott angemessen sind, auch ob sie für Menschen zu wissen notwendig sind. Ob oder dass die Bibel Gottes Wort ist, entscheidet entweder die Inspiration, die vom Wort ausgeht, oder die Vernunft. Die Vernunft kommt zu einem verneinenden Ergebnis.

Der grundsätzliche Angriff auf den biblischen Offenbarungsglauben zielt auf die Jüngervertretung. So wird behauptet, die Auferstehung Jesu bestünde in einem Diebstahl des Leichnams Jesu, und die daraufhin erfolgte Rede von der Auferstehung hat den entsprechenden Glauben begründet.

Die Forderung der Aufklärung nach Religionsfreiheit führte zur Privatisierung der Religion. Die neuzeitliche Privatreligion hat hier ihre Wurzeln.

Für die Ausbildung der Privatreligion wurde

Lessing (1729-1781)

bedeutsam, indem er dem überkommenen Systemdenken der Dogmatik die Wahrheitssuche entgegensetzte. Dazu Lessing selbst: "Wenn Gott in seiner Rechten alle Wahrheit und in seiner Linken den einzigen immer regen Trieb nach Wahrheit, obschon mit dem Zusatz, mich immer und ewig zu irren, verschlossen hielte und spräche zu mir: Wähle! Ich fiele ihm mit Demut in seine Linke und sagte: Vater gib! Die reine Wahrheit ist ja doch nur für Dich allein!".

Hier zeigt die Aufklärung eine existenzielle Gestalt in Vernunft und Freiheit. Da die Aufklärung eine Übergangsphase ist, und das unbekannte, zukünftige Neuland zu suchen ist, ist das Suchen zu stärken, indem man der Freiheit Mut zuspricht.

Die Aufklärung fordert, alles aus der Religion zu entfernen, was moralisch nicht wichtig ist. Das gleicht einer Entrümpelung der Religion, die für das Leben überhaupt bedeutsam ist. Mit Recht ist hier von einer Wende zu sprechen, wobei Kants Religionsphilosophie zu bedenken ist.

Kant (1724-1804)

Sein Ausgangspunkt ist die Moral. Aus ihr folgt die Religion. Das erinnert an die Kopernikanische Wende, von der Kant in Bezug auf seine Philosophie gesprochen hat. Deshalb: Erst kommt die Ethik, dann die Religion. Die Tradition, Religion und Philosophie, sahen das gerade umgekehrt. Aus der Religion folgt die Ethik, da die Religion die Ethik begründet. Dem widerspricht Kant. Die Religion ist eine Konsequenz der Ethik.Typisch neuzeitlich
In " Die Religion innerhalb der Grenzen der bloßen Vernunft" schreibt Kant: "Was der Mensch im moralischen Sinne ist, oder werden soll, gut oder böse, dazu muss er sich selbst machen oder gemacht haben. Beides muss eine Wirkung seiner freien Willkür sein, denn sonst könnte es ihm nicht zugerechnet werden, folglich er nur dadurch gut und böse ist".
Aber das moralische Handeln unterliegt gewissen Schwierigkeiten, um die Kant auch weiß. Deshalb schreibt er:" Aus Freiheit handelt der Mensch. Aber eine unerklärbare, angeborene Neigung zum Bösen belastet ihn. Und woher die Neigung zum Guten kommt, ist ebenfalls nicht erklärbar,
dennoch bleibt es dabei:" Nach der moralischen Religion...ist es ein Grundsatz: "dass ein jeder, so viel, als in seinen Kräften ist, tun müsse, um ein besserer Mensch zu werden";...

Jesus ist die Personifizierung des Ideals des Guten. Der Glaube an ihn ist nichts anderes als ihn in der Praxis zu imitieren.

Die Gesinnung, die herrschen soll, hat ihren biblischen Ausdruck in "Reich Gottes" und"Heiliger Geist" als Geist der Liebe.

Die Kirche ist eigentlich die Gemeinschaft der Gleichgesinnten; sie ist unsichtbar. Daneben gibt es die sichtbare Kirche. Sie ist für die Menschen, denen die Ideen der bloßen Vernunft unerreichbar sind. Nach Kant hat auch der Volksglaube eine Existenzberechtigung. In ihm werden die Lehren der Vernunftreligion in anschaulicher Form vermittelt. Für beide Gemeinschaften gilt:"Religion ist (subjektiv betrachtet) die Erkenntnis aller Pflichten als göttliche Gebote",Denn..."alles kommt in der Religion aufs Tun an".

Unser Thema ist die Frage, wie Leben gelingen kann. Zu Voraussetzungen für ein sinnvolles Handeln erklärt Kant Gott, die Freiheit und die Unsterblichkeit als unabdingbar. Sie bringen keinen bewiesenen oder beweisbaren Erkenntniszuwachs. Sie anzunehmen, gibt unserem Handeln einen Sinn. Wir handeln dann so, als gäbe es die Postulate wie Wirklichkeiten des Wissens. Wer diese Postulate nicht gelten lässt, nimmt andere ebenso wenig bewiesene an und richtet sich nach ihnen.

Unser Leben vollzieht sich niemals voraussetzungslos. Die Handlungspostulate Gott, Freiheit, Unsterblichkeit als Voraussetzungen des Lebens anzunehmen, verschafft unserem ganzen Leben einen Rahmen und bewirkt Sinn.

Die Religion ist individuell-persönlich geworden, und das ethische Bewusstsein als Gesinnungsethik dominiert. Man kann sie weit verbreitet finden, besonders auch bei

Religions- und Kirchenkritikern, die mit allgemein verständlicher Kirchenliteratur versorgt werden.

Was bei Kant zu kurz kommt, ist das Brauchtum. Bräuche gehören zum Erleben. Nur die Vernunft zu sehen, verkürzt das Menschsein. Religion ist eine kulturelle Erscheinung. Und Kulturen werden sicht- und hörbar gelebt und erlebt. Von Kirchenmusik scheinen Aufklärer noch nie etwas gehört zu haben. Die Oratorien bedürfen keiner besonderen Einladung, was nachdenklich werden lässt. Da Religion auch den Charakter des Erlebens hat, was in unserer nüchternen Zeit eine Atmosphäre der Geborgenheit schafft, soll die Musik besonders betont werden.

Zu einem besonders einmaligen Vertreter der Religionsdeutung, der für den Übergang von Neuzeit und Aufklärung zur Moderne steht, ist

F. Schleiermacher(1768 – 1834), ein Denker des Übergangs.

Karl Barth schreibt über Schleiermacher: "Nicht eine Schule stiftet er sondern ein neues Zeitalter"...der Mann, der Schleiermacher nicht nur kritisieren, sondern sich mit ihm messen könnte,...noch nicht auf dem Plan" ist.

Das ist beachtlich, was Barth schreibt, denn er selbst denkt völlig anders als Schleiermacher.

Schleiermacher unternimmt den Versuch, die Religion im Geist der Romantik zu begreifen. Religion ist eine eigenständige Form, in der sich Welt im Bewusstsein zeigt. Nicht Denken und Handeln ist dabei bestimmend. Statt einer Religionsdefinition beschreibt er das religiöse Geschehen. Anschauung, Gefühl, Universum sind dabei entscheidende Begriffe. Anschauung des Universums ist eine Selbstvergegenwärtigung des Unendlichen im Endlichen. "Mitten in der Endlichkeit e i n s werden mit dem Unendlichen und ewig sein in einem Augenblick, das ist die Unsterblichkeit der Religion. Die Selbsterschließung des Unendlichen sieht er als Offenbarung.

Die Religion als Gefühl und Anschauung beschreibt, was im Bewusstsein sich abspielt. Es ist ein "Innewerden des Unendlichen im Endlichen". Das nennt Schleiermacher auch "Sinn und Geschmack fürs Unendliche". Ihm geht es nicht um das Verstehen. Ihm geht es um die Erweckung der Sehnsucht nach dem Unendlichen. Dieses ist das, was den Menschen bewegt, nicht die tradierte, kirchliche Gottesvorstellung. So wird Religion zu einem Erlebnis, das den ganzen Menschen unmittelbar geistig, seelisch, emotional, gefühlsmäßig erfasst.

Gegenüber der Religion als tradierte Offenbarung, die vor allem vom Lehrhaften bestimmt ist, sieht Schleiermacher in der Frömmigkeit das Wesen religiöser Erfahrung, die" rein für sich betrachtet weder ein Wissen noch ein Tun, sondern eine Bestimmtheit des Gefühls oder des unmittelbaren Selbstbewusstseins" ist.Im Spätmittelalter war der mystische Theologe Meister Eckhart ein Übergang von der Scholastik zu einem neuen religiösen Glaubensbewusstsein. Ähnlich baut Schleiermacher eine Brücke zu neuem Glaubensbewusstsein.

Es ist wichtig zu erfahren, dass die Religion nicht nur einen scientistischen Charakter hat, sondern auch den des Erlebens, wofür Schleiermacher ein deutlicher Beweis ist. In der Folge der Romantik gewinnt eine tief innere, emotional bestimmte Religionserfahrung eine Bedeutung, die weiterwirkt.

Die Bibel war für Schleiermacher "nur ein Mausoleum der Religion, ein Denkmal, dass ein großer Geist da war, der nicht mehr da ist. Nicht der hat Religion, der an eine heilige Schrift glaubt, sondern der, welcher keiner bedarf und wohl selbst eine machen könnte". So war ein lebendiger Glaube nur erreichbar, wenn man gewisse Traditionen aufgab. Das aber führte zur Abwehr. Wenn Schleiermacher auch in seiner Gegenwart nicht den gewünschten Anklang fand, so wirkte er auf lange Sicht doch weiter. Die eigene religiöse Erfahrung als das Eigentliche des Christentums findet auch heute nicht wenig Zustimmung.

Nach Gründung der Berliner Universität wurde Schleiermacher eine maßgebliche Persönlichkeit des Kulturprotestantismus. Und das gilt auch noch nach dem Zeugnis späterer Theologen und Religionsphilosophen, die sich nur in den Deutungen der Werke des Autors unterscheiden.

Interessant könnte ein Vergleich von Schleiermachers Denken mit dem von Meister Eckhart sein. Beider Denken steht im Übergang. Schleiermacher von der Aufklärung kommend "geht" ins 19. Jahrhundert mit seiner Fülle von Erkenntnissen, Tatsachen und gegenteiligen Gedanken. Eckhart hat die Scholastik im Rücken und geht auf die Zeitenwende zu. Das Weitere will ich bildlich erklären. Schleiermacher sitzt auf einem Berg und ist überwältigt von dem Reichtum und der Schönheit des Ganzen, das ihn überwältigt. Eckhart sitzt alleine in einer Kapelle, ganz in sich versunken und spürt, wie Gott ihn seelisch ergreift.

Der Ort - Kapelle/Berg - , die Erfahrung, wie Religion geschieht,.was die Personen tun, ist jeweils ganz verschieden und offenbart die inhaltliche Verschiedenheit der kulturellen Zeiten.

5. Die Moderne zwischen Nihilismus und Katastrophe

Die Aufklärung schließt alles, was nicht für die Praxis des Leben dienlich ist, von der Religion aus. In dieser Sicht gibt es unter den Aufklärern kaum Unterschiede. Bisher war die Ethik eine Konsequenz der Religion. Der Gottesglaube war der Motor der Mitmenschlichkeit. Aus der Gottesliebe folgte die Mitmenschlichkeit, so kann man Lk10,27 verstehen. Kant dreht das Verhältnis von Glaube und ethischem Handeln um. Ethisches Handeln wird nicht von Gott her begründet, es geschieht im Hinblick auf Gott. Gott ist ein Postulat, sagen wir gewöhnlich, eine Herausforderung für unser Leben. Gott wird danach in unserem Tun nicht als Anfang, mehr als Ausgang des ganzen Lebens gesehen; besser, als Ziel erlebt. So gibt es innerhalb des Lebens mittel- und langfristige Zielvorstellungen. Die Frage ist, was ist mit dem Ganzen des Lebens. Kant fordert gedanklich Gott als Zielvorstellung für das Ganze. des Lebens. Kann man der Kantischen religiösen Lebensdeutung einen Sinn geben? Dazu folgende Überlegung.

Wir sind handelnde Wesen, die notwendige Lebensverhältnisse schaffen müssen, sonst können wir nicht leben. So gestalten wir ganz selbstverständlich unser Dasein, wobei wir immer kleinere und größere Ziele haben. Dabei ist alles, was wir tun, auf Zukunft gerichtet. Es geht um die nächsten Stunden, Tage, Wochen, Monate und Jahre. Die Zukunft ist somit von direktem Interesse. Die Vergangenheit kommt nachträglich, wenn es darum geht, wieso etwas so ist, wie es ist.

Diese zu verwirklichenden und verwirklichten Ziele bestimmen unser Leben. Das Verwirklichte fällt nicht in das Loch vernichtender Vergessenheit, sonst könnten wir nicht darüber reden, und was wir noch vorhaben, bewegt unser

Denken im Hinblick auf Zukunft. So hat sich der Mensch zu dem gemacht, was er jetzt ist, und in Zukünftiges geht sein Blick. Das Ganze eines solchen Lebens hat eine Qualität, es ist gut, weniger gut oder sogar schlecht, auch von Absichten geprägt. Rasen mähen, Holz hacken, Unkraut jäten und Ähnliches mehr, scheinen zwar nur neutral zu sein, wir tun das Genannte aber vor allem für andere. So ist das angeblich neutrale Tun im Grunde ethisch. Am Ende unseres Lebens landet das Hervorstechende in einer Biographie und anderes Beeindruckende in einer Totenrede. Ganz am Ende ist zu fragen, wenn die Wirklichkeit so ist, dass es im Leben immer weiterging, ist dann noch ein absolutes, nur denk- aber nicht vorstellbares Weiter, was Kant verlangt, als möglich anzunehmen? Nimmt man die im Leben zu beobachtenden Veränderungen,. dann ist eine Frage nach dem Weiter ernst zu nehmen. Mehr möchte ich jetzt nicht sagen. Wohl ist, was Kant postuliert, keine bewiesene, nur eine angenommene Realität. Da sie unser Handeln und damit unser ganzes Leben begründet, ist sie vernünftiger als diese Annahme zu verneinen. Nicht zu vergessen: Wir brauchen immer Gründe für unser Handeln und unser Benehmen.

Da hier von der Vernunft her argumentiert wird, die ja die eigentliche Argumentationsweise für uns ist, soll das Folgende so bedacht werden. Bei aller berechtigten Vernunftbetonung,dürfen wir nicht übersehen, dass auch diese eine Glaubenseinstellung voraussetzt, und zwar die, dass die Vernunftsentscheidung zuverlässig ist; fast hätte ich gesagt, die Vernunftsentscheidung ist vernünftig, und sie ist vernünftig, weil einsehbar. Wir drehen uns im Kreis der Vernunft und setzen eine Überzeugung voraus. Diese ist ein Glaube. So ist Glaube oder Vernunft eine scheinbare Alternative.

Wir meinen, sich auf die Vernunft zu verlassen, ist gut. Wieso?

Die Ziele der Menschen sind vielfältig. Sie zeigen die Buntheit des Lebens. Es sind individuelle, gesellschaftliche, politische, nationale und globale Ziele. Jedem geht es um etwas, was für ihn entscheidend ist, gleichgültig, wie er es nennt. Der Gläubige hat für sein persönliches Leben ein allerletztes Ziel, das er Gott nennt. Der eine glaubt an Gott, den der andere ablehnt. Wieder ein anderer hat einen klar formulierten Ersatz. Nur im Letzten schaut jeder mit dem, was ihn bewegt und worauf er sein Leben baut, vertrauend in die Zukunft. Und dieses Vertrauen in die Zukunft ist Glaube, ob so genannt oder nicht.

So stellt sich die Frage, welche Einstellung ist wirklichkeitsgetreuer: Ein allerletztes Ziel anzunehmen, zu glauben, wie es die etablierte Religion tut, oder aus der freien Verfügung heraus einen Lebensinhalt als Ziel zu wählen, wobei man, wie man so sagt, auch ohne Gott glücklich sein kann?

Nach dem Tod ein irgendwie Weiter-Sein anzunehmen, ist und bleibt schwer einzusehen. Die Frage, die sich jetzt stellt, ist die, was ist wirklichkeitsgetreuer, nur eine relative oder eine absolute Transzendenz anzunehmen. Das Leben besteht aus ständigen Veränderungen, kleinen, mittleren und größeren. Diese sind relativ leicht zu erklären. Es gibt aber auch solche, die nicht aus dem Zusammenfügen, der Addition der Einzelelemente zu erklären sind, die etwas qualitativ Neues darstellen. Aus dem Vorhergehenden "steigt" überraschend etwas vollkommen Neues auf. Man nennt einen solchen Vorgang Emergenz (emergieren=aufsteigen). Beispiel: Die Entstehung des Geistes, die Entstehung des Lebens, d.h. aus den bekannten Voraussetzungen nicht Ableitbares. So sind also Emergenzen etwas Vergleichbares für unsere Frage nach Gott oder der zu denkenden Möglichkeit einer zukünftigen

Transzendenz. Es gibt Veränderungen, die vollkommene Neuheiten hervorbringen.

Damit ist die Transzendenz gewiss nicht bewiesen Es kann nur gezeigt werden, dass die Annahme oder dieser Glaube nicht der Wirklichkeit absolut widerspricht. Der Glaube als Hoffnung bleibt weiterhin Glaube wie auch dessen Ablehnung und die Wahl eines anderen Lebenszieles.

Die bisherige von uns behandelte Kulturgeschichte wurde wesentlich unter dem Gesichtspunkt der Religion, der Tugendlehre, der Philosophie, d.h. in einer geistigen Begrifflichkeit zu erfassen gesucht. Das Eigentliche dieser Welt war der Geist. Diese Welt war, bildlich gesprochen, von oben bestimmt. So war auch der Mensch wesentlich ein Geistwesen, und in einem von der Geistseele geleiteten Leben erlangte er seine Form; so war das Leben gelungen.

Die Moderne ist die Welt in sich, d.h. sie wird als eine ganz durch und in sich funktionierende, materielle gesehen. Sie gliedert sich, um funktionsfähig zu sein, mehr als zuvor in voneinander abhängige Teilbereiche, die zusammen die Welt, wie wir sie kennen, ergeben. Diese Welt wird, wie uns zuerst die englische Aufklärung lehrte, empirisch erfahrbar. Die Historie besteht aus Fakten, die Wissenschaft untersucht Einzelelemente, der Mensch in seiner Körperhaftigkeit wird von verschiedenen Medizin-Techniken untersucht; dazu kommen noch die psychischen Therapiemaßnahmen. Man könnte meinen, der Mensch bestünde nur aus Einzelelementen. Die alte, von der Metaphysik bestimmte Welt hat mit Hilfe der Analogie Zusammenhänge erkennbar gemacht; diese waren aber nicht solche, die in sich funktionierten; sie dienten nur dem Verstehen. Die neue Welt zersplittert das Ganze, um das Einzelne genau zu bestimmen. Der nächste Schritt müsste heißen, das Ganze in Funktionszusammenhängen sehen, da die Einzelbereiche der Wirklichkeit in Abhängigkeiten geworden sind und weiterhin sich auch so verwirklichen. Erstrangig ist das Ganze, an zweiter Stelle kommen die Teile. Ein anderer Erkenntnisweg könnte ein Holzweg sein.

Der Mensch wird in dieser Welt neu gesehen, auch jeweils verschieden. Und die Verhältnisse, mit denen er zurechtkommen muss, sind nicht eindeutig. Der große Rahmen kann als zerbrochen gesehen werden. Und in diesem Wirrsal von Welt stellt sich die Frage, wie das Leben gelingen kann, besonders eindringlich.

Rückblick und Ausblick

Das Gelingen des Lebens wird nach meinem Eindruck vielfach zu eng gesehen, d.h nach bestimmten Gebrauchsanweisungen, wie man was in bestimmten Situationen am besten macht. Dabei meint man dann noch mit Gelingen ein glückliches Leben. Nur, so meine ich, wird das Wort Glück wie glücklich inflationär gebraucht. Gelingen und Glück sind zwei verschiedene Paar Stiefel. Glück ist das vollkommen Außergewöhnliche, so als wäre man auf den Wellenspitzen des Daseins. Nimmt man das nicht an, dann hat man für dieses Außergewöhnliche keine Bezeichnung. Zudem, Glück kann man nicht erstreben, wohl aber sich um ein Gelingen bemühen. Alle Zeiten haben einen Beitrag zur Beantwortung der Frage, wie das Leben gelingen kann, geliefert. Deshalb die Breite der Erörterung.

Antike und Mittelalter haben entsprechend ihrem Denken über die Tugendlehre allgemein gültige Antworten gegeben. Deshalb spielten Philosophie und Theologie in unserer Frage eine entscheidende Rolle. Auf die Tugendlehre kann man auch heute noch zurückgreifen.

Die Moderne ist unsere Welt, in der die Ökonomie wie die Gerechtigkeit, die Politik wie das Private, das Nationale wie

Globale, die Freiheit und Toleranz, die Religionen und von ihr abweichende Lebenseinstellungen neue Aufgaben der Lebensbewältigung stellen.

Die Verhältnisse der Menschen sind verschieden. Aber das jeweils entsprechende Verhalten der Klugheit, der Gerechtigkeit und des Maßhaltens veraltern nicht. Deshalb die ausladende, theoretische Darlegung dieser Tugenden, die in Bezug auf unser Frage zum Nachdenken anregen sollen.
Nach Kant leben wir in einem Zeitalter der Aufklärung, aber leider nicht in einem aufgeklärten Zeitalter. Somit bleibt die Aufklärung eine Frage wie auch ein Problem. Und dazu gehört die in großer Breite zu bedenkende Frage, wie Leben gelingen kann

Neuheiten, die das Leben verändern

Getreide hat man vor 100 Jahren noch mit dem Flegel gedroschen, dann kam die Dreschmaschine, und heute gibt es den Mähdrescher. Ein deutlicher Hinweis auf die maschinelle Veränderung in der Landwirtschaft, die sich ähnlich in der Industrie und im Arbeitsleben überhaupt vollzogen hat. Die Maschine hat alles verändert. Nicht mehr die menschliche Arbeitskraft. auch nicht die des Pferdes, die in der Fabrik hergestellten Maschinen bewältigen die Landarbeit und das tun sie in weit größerem Umfang und in kürzerer Zeit als zuvor. Und der dafür nötige Rohstoff ist mehr Kohle und Eisen als Holz.
Jetzt ändert sich auch das Arbeiten. Statt zufälliges Können wird das Erfinden bedeutsam. Arbeiten wird von der mechanischen Kraft ersetzt, die nicht einfach gegeben ist, sondern hergestellt wird. In England, dem Ursprungsland der Industrie, hat man zuerst in der Textilverarbeitung

Maschinen eingesetzt. In Deutschland hat man in der Baumwollindustrie ähnliches getan.

Ein weiterer Einschnitt mit verschiedenen sozialen Konsequenzen erfolgte im Bergbau- und Hüttenwesen. Dampfmaschinen, vor allem die Eisenbahn gaben der Industrie seit den dreißiger Jahren Auftrieb. Neben der Eisenbahn hat man auch den Straßenbau forciert.

Nach 1850 begann in Deutschland die eigentliche Zeit der Industrialisierung. Führend wurden die Montan- und Eisenindustrie. Die Ruhrindustrie hatte ihr Zentrum in Dortmund. So war 1870 die industrielle Rückständigkeit in Deutschland beseitigt. Um die Industrialisierung finanzieren zu können, gründete man Banken auf Aktienbasis. Es kam zur Gründung von Aktiengesellschaften und zur Kreditfinanzierung von Unternehmen. Gewinnstreben und Wettbewerb entwickelten sich. So kam es zu etwas Neuem, zum Wachstum.

Die umstürzenden Veränderungen der Industrialisierungszeit führten bei den Menschen zu Anpassungsschwierigkeiten. Die Industrialisierung, das Wachstum und die Optimierung des Lebensstandards erfolgten ungleichmäßig. Nicht wenige konnten nicht mithalten, waren dann zurückgeblieben oder Opfer der Veränderungen. Die Entwicklung war unruhig, unsicher, spannungsgeladen und zwischen den Regionen ungleichmäßig.

Das Unternehmertum war ethisch bestimmt. Der Mensch bewährt sich in der Arbeit. Arbeit ist Erfüllung, Pflicht, Beruf (Berufung von Gott). Bestimmend wurden der Wille zum Erfolg, Entschlossenheit, Tatkraft, Mut zum Risiko. Im Laufe der Zeit entsteht Freude am Geldverdienen ohne Skrupel. Auch ein Rückgang der religiösen Bindung ist zu verzeichnen, wie auch eine Trennung von privater Tugend und Geschäft. Bankrott ist ein Zeichen von Unfähigkeit oder

Minderwertigkeit. Zum Erfolg gehört die Unabhängigkeit von andern, was als Freiheit empfunden wird. Das sich durchsetzende Individuum erinnert an den später uns begegnenden Macht- oder Übermenschen bei Nietzsche.

Ganz anders die Welt der Handwerker. Sie war traditionsgebunden. Ehrgeiz, Interesse an Neuerungen war bei ihnen verpönt. Arbeitsplatz und Familie waren einander nahe. Die Gewerbefreiheit war die Wurzel des Bösen, der egoistischen Konkurrenz, des Kampfes aller gegen alle. Wenn der Markterfolg die Ehre der Person bestimmt, dann ist das das Ende der Moral. Die Handwerker wollten statt der Freiheit des Marktes Schutz der"Nahrung", gesetzlich Regelung von Produktion und Absatz. Dagegen stand die sich durchsetzende Bürokratie mit der Ansicht: Das Gewerbe ist für das Publikum, nicht das Publikum für das Gewerbe da. Beschränkungen verhindern Neuerungen und schaden am Ende auch dem Handwerk.

Die Verhältnisse des agrarischen Zeitalters waren relativ stabil. Das sollen Hinweise auf die Antike verdeutlichen. Entstehende Neuheiten, wie die Entstehung der verschiedenen griechischen Philosophien fügten sich jeweils in die Tradition ein, indem sie versuchten, die überkommenen Probleme in ihrem Rahmen zu lösen. Die widersprüchliche Sicht des Heraklit (geb. 540) - alles ist im Fluss – und die des Parmenides (geb. 540) mit seiner Lehre, das eigentlich Seiende kennt kein Werden und keine Veränderung, versuchten Plato und Aristoteles je auf eigene Art zu lösen. Plato mit seiner Ideenlehre und Aristoteles mit der metaphysischen Lehre der Wesenhaftigkeit.

Auch das biblische Weltverständnis machte eine Entwicklung durch, wobei die Sicht auf Gott von der jeweiligen geschichtlichen Situation entscheidend war. Er hat das Volk in seiner Geschichte als Bundesgott, so schon bei den Vätern, beim Verlassen Ägyptens, und dann bei der

Landnahme begleitet. Er hat die Propheten als Sittenprediger und Jesus, mit dem er in besonderer Weise verbunden war, gesandt.

Veränderungen, die mehr eine Symbiose biblischen und griechischen Denkens waren, bestimmten die Geschichte der Spätantike und des Mittelalters. Der eigentliche Einbruch in die relativ stabilen Welt- und Lebensverhältnisse geschah in der Moderne, die geistesgeschichtlich im Spätmittelalter, der Reformationszeit und vor allem in der Aufklärung vorbereitet war.

Die jetzt entstehende neue Welt wird beherrscht von der Industrie.

Da vom überwiegenden Teil der Bevölkerung das Leben als Überleben begriffen wurde, war das Leben ein Kampf. Wohnungsnot, Hunger, Arbeitsunsicherheit, Elend der Kinderarbeit waren ein vor allem später nicht gern gesehener Spiegel der Moderne. Der ganze Lebensrahmen war gekennzeichnet von Unsicherheit.

Das Wohnen der Familie in den eigenen vier Wänden oder in der eigenen Hütte wird von der Mietwohnung abgelöst. Mieterhöhungen oder Kündigungen sind dann immer möglich wie schlechtes Wetter. In der Nähe von Fabriken entstanden Mietskasernen mit mehrfachen Hinterhöfen und Kleinwohnungen. Wohnungen waren knapp und der Wohnungsmarkt eng. Durch die Industrie kommt es zu neuen Wohnformen, die in der Stadt, die anfangs noch ländlichen Charakter hatte, aber zusehends das Aussehen einer Industrieansiedlung bekamen. Zuerst wuchs noch Gras auf den Wegen der Stadt, dann wurden die Trottoirs gepflastert und Beleuchtungen aufgestellt.

Das Leben war bestimmt von der Arbeit, besser gesagt, vom Schuften. Freizeit, Vergnügen, Geselligkeit waren bescheiden. Schützenfest, Jahrmarkt, Kirmes, lokale Volksfeste, im Rheinland Karneval, Kegeln, Kartenspiel und

Tanzen waren die Abwechslung fürs gemeine Volk. Für die "Gebildeten", die "höheren" Schichten der Gesellschaft, gab es den Ball, den Walzer, Essen und Trinken im Freien, das Promenadenkonzert, das private und öffentliche Speisen mit Trinksprüchen und Tischreden

Die Fraktionen der Paulskirche trafen sich in Cafés und Gaststätten, nach denen sie genannt wurden. Das entsprach dem Lebensstil des höheren Bürgertums.

Auch die Ernährung änderte sich. Um 1800 galt überwiegend noch die Selbstversorgung. Das Brot wurde zu Hause gebacken. Das änderte sich in den darauffolgenden Jahrzehnten. Die täglichen Nahrungsmittel werden gekauft, weil es nicht mehr anders geht. Die Verstädterung, d.h. die Arbeit in der Fabrik, ändert Ort und Zeit der Mahlzeiten. Für die Masse der Armen entstehen Volksküchen und Kantinen oder man nimmt den Eintopf im Henkelmann mit zur Arbeit. Für die besser Gestellten gibt es Kaffeehäuser und Restaurants. Überall in der städtischen Bevölkerung wird schneller gegessen. Aber trotz Fabrik und Mittagsbrot und der Tendenz der besseren Leute, später zu essen, setzt sich die alte Tradition durch, das Mittagessen ist die Hauptmahlzeit, die Sitte der kleinen Bürger.

Mit der Modernisierung der Küche setzen sich auch neue Tischmanieren bei der Ober- und oberen Mittelschicht durch. Teller und Besteck verbreiten sich. Auch Kaffee und vor allem Kartoffeln finden Verbreitung.

Die Unterschicht leidet unter chronischer Unterernährung. Das gilt vor allem für die 40iger Jahre. Kartoffeln und Kohl, Hülsenfrüchte. Suppen, wenig Fett und Eiweiß, hin und wider gekochtes, aber kaum gebratenes Fleisch, so sah die Ernährung aus. In den 50iger Jahren steigt der Reallohn. Jetzt wird auch die Ernährung etwas besser. Dennoch blieb man am Rande einer ausgewogenen Ernährung. Man schlägt sich durch, wenn man auch 80 % des Lohnes dafür ausgeben muss.

Die Lebenserwartung war niedrig, die Sterberate hoch, besonders bei Säuglingen und Kindern. Der Tod wie auch allerlei Krankheiten waren stets gegenwärtig. Die Seuchen waren verschwunden, aber die Pest holte sich jetzt ihre Opfer. Die Pocken wurden durch Impfung entscheidend zurückgedrängt. Aber dann kam die Cholera. 1831 starben in Berlin 63% der Kranken. Typhus spielte in den Hungerjahren vor 1848 eine große Rolle. Schwindsucht und Tuberkulose waren in der Zeit der zweiten Hälfte des Jahrhunderts d i e Krankheiten.

Um die Krankheitssituation zu verbessern, waren zunächst die Ärzte zuständig. Der Staat hat in den ersten Jahrzehnten Studien, Prüfungen und Zulassungen der Ärzte geregelt. Die erste Klasse waren promovierte Ärzte, Chirurgen und Wundärzte, die zweite waren Landärzte. Ursprünglich waren Ärzte für die gehobene Schicht gedacht. Um 1800 ging das einfache Volk zum Bader oder Quacksalber. Die Praxis des Arztes war nicht die Sprechstunde, sondern der Besuch.

Alte Heilverfahren wie Aderlass, Schwitzen, Abführmittel, Zugpflaster standen auf der Seite der Humoralpathologie, für die Krankheit eine Störung der "Säfte" war. Auf der anderen Seite standen die sich nur langsam verbreitenden Naturwissenschaften mit der genauen Anamnese, mit Fiebermessen und Stethoskop. Daneben oder dazwischen gab es Naturheilverfahren, Bäder, Seeluft, Luftkuren sowie Magnetismus, Hypnose, Homöopathie.

Gleichzeit entstand das moderne Krankenhaus. Das alte Krankenhaus war eine Art Sozialasyl für Arme, Alte, Sieche und Kranke, aber eigentlich ohne Behandlung von Krankheiten. Um 1800 entstand, bedingt durch die rationalistisch-revolutionäre Säkularisierung im napoleonischen Bereich und dann durch die Forderungen medizinischer Professoren sowie durch die ärztliche Ausbildung, das städtische Krankenhaus. Die Entwicklung auf medizinischem Gebiet fand eine pflegerische Ergänzung in den katholischen Schwesternschaften und den protestantischen Diakonissen sowie einer kleinen Zahl freier Schwestern.

Das Gelingen des Lebens wurde in der Welt vor der Moderne und zu einem Teil auch in der Neuzeit als Aufgabe der Religion gesehen. Da das Leben der Moderne immer mehr in sich begriffen wird, d.h. in seiner wissenschaftlich bestimmten Erscheinungsform, haben, wie man feststellen kann, die Sichtweisen der Tradition kaum noch eine Bedeutung. Das 19. Jahrhundert zeigt Neuerungen auf allen Gebieten wie keine andere Zeit. Zunächst technische Erfindungen: die Dampfmaschine, die in der Eisenbahn und Schifffahrt ihre Anwendung findet. Die Entdeckung der Elektrizität, die die Nachrichtenübermittlung und vieles im alltäglichen Leben bis heute ermöglicht. Technische Neuheiten bestimmen das 19. Jahrhundert.
Auch Kunst und Wissenschaft zeigen ein Aufblühen. Plastik und Architektur sowie Malerei aus dieser Zeit bewundern wir noch heute. Die Musik erinnert uns an Beethoven, Richard Strauß, Wagner, Schubert und Brahms. Zahlreiche Dichter und Erzähler wären zu nennen. Geschichtsschreibung, Altertumsforschung und Sprachwissenschaft gehören in diese Zeit. Als wichtige Philosophen sind zu nennen Fichte, Schelling, Hegel, Nietzsche. In der protestantischen Theologie sollen für die vielen Schleiermacher, Ritchl und die von Harnack stehen.
In der Naturforschung begegnen uns Forscher aus ganz Europa.

Die Vertreter der einzelnen Bereiche, von denen ich nur wenige und ganz bekannte angeführt habe, sind im Gegensatz zu früheren Zeiten, vor allem zum Mittelalter, äußerst zahlreich. Auch das lässt auf die Bedeutsamkeit, die man all dem, was in dieser Zeit getan wird, schließen. Die Welt gewinnt ihre Eigengewichtigkeit. Um diese Eigengewichtigkeit in ihrer historisch einmaligen Bedeutung herauszuheben, sollte das Ökonomische, sollten die Arbeitsverhältnisse und die sozialen Verhältnisse breit geschildert werden. Das gelingende Leben bestand in diesen Zeiten, da es nicht genügend zum Essen und Wohnraum gab, im Überleben. Das Kulturelle dieser Zeit hätte wegen seiner gewissen Einmaligkeit mehr charakterisiert werden können. Die Frage nach dem gelingenden Leben kann man aus den geschilderten Begebenheiten beantworten.

Weder der Reichtum noch die Armut können uns eines schenken oder wegnehmen: das Denken. Diese Fähigkeit ist in unserem Mensch-Sein begründet, woran zu wenig gedacht wird. Gemeint ist hier weder das wissenschaftliche noch das technische Überlegen, das nicht in Misskredit gebracht werden soll, wie es Heidegger mit dem Spruch getan hat, die Wissenschaft denkt nicht. Mit dem hier gemeinten Denken machen Kunst und Literatur ganz allgemein eine Ausnahme, wenn sie Menschliches beschreiben oder darstellen.
Zur Selbstreflexion ist im Grunde jeder fähig. Das eigene Leben zu bedenken, indem man es in seinen Möglichkeiten sieht und so, wenn auch nur schwer bejahend, das Bestmögliche aus ihm macht, zeigt man eine Weise des Gelingens. Die Schilderungen der sozialen Zustände der Industrialisierung im 19. Jahrhundert wie auch sonst wo zeigen: Für nicht wenige blieb und bleibt nicht viel anderes übrig, als was und wie sie es gemacht haben.

Ganz anders **Karl Marx** (1818-1883), der das Problem des in Arbeit sich verwirklichenden Menschen sehr grundsätzlich sieht.

Nach ihm ist der Mensch das durch seine eigene Arbeit sich selbst produzierende Wesen. Er vergegenständlicht sich selbst. Ihm stellt sich aber ein Hindernis entgegen: die Entfremdung. Der Arbeiter produziert für den Kapitalisten. So Entsteht eine vierfache Entfremdung:

1. vom Produkt der Arbeitskraft
2. des Arbeiters von seiner Arbeit
3. von sich selbst, da er nur für Lohn arbeitet
4. im Verhältnis der Menschen zueinander. Auch der Kapitalist ist Mittel zum Erwerbslohn.

Der Arbeiter als Mittel der Profitmaximierung

Nach der der Einführung des Elektro- und Benzinmotors entstand der Handwerkermittelstand. Dennoch war die Gesellschaft gespalten in Kapitalisten und Proletarier.So war das 19.Jahrhundert. Nach Marx geht es darum, die Entfremdung, das Nicht-er-selbst-sein-Können des Menschen, zu beseitigen. Die damals am meisten entfremdet waren, waren die Proletarier, an denen nach Marx das weitere Schicksal der Menschheit hängt. Soll die Entfremdung aufgehoben werden, so ist das Proletariat zu beseitigen, und zwar durch eine proletarische Revolution. Die Analyse von Kapital und Arbeit führt dazu. Die Entwicklung des Kapitalismus über Krisen, Konzentration und Verelendung erzeugt gesetzmäßig Klassenkämpfe. Das gilt auch für die übrige Geschichte, die aus Klassenkämpfen besteht. Jetzt ist es notwendig, das Proletariat mit Klassenbewusstsein zu indoktrinieren: "Proletarier aller Länder vereinigt Euch". Die Arbeiter träumten international, wenn sie auch in nationalen Verfassungen lebten.

Eine Arbeiterbewegung gab es in Deutschland nicht, nur Unruhen und Revolten. Es gab Arbeiterbildungsvereine. Die Sozialisten waren mehr unter den Intellektuellen zu finden. Sie bildeten eine Partei, aber Macht hatten sie nicht.

In der ersten Hälfte des Jahrhunderts hat sich das Bürgertum immer mehr entwickelt, was diesem den Weg in die Paulskirche, einem wichtigen Meilenstein auf dem Weg zur Demokratie, eröffnet hat.

Wohl ist das 19. Jahrhundert gekennzeichnet von Areligiosität, Kirchenfeindschaft und Atheismus. Aber dennoch ist kirchliches Brauchtum aus der Öffentlichkeit wie aus dem Privaten, aus dem Bewusstsein wie aus dem Verhalten nicht wegzudenken. Wo es um Wahrheit oder Sinn geht, besinnt man sich auf die Religion. Diese ist nicht nur als Relikt aus der Vergangenheit zu sehen. Sie ist trotz allem Widerspruch auch eine gestaltende Macht. So ist das Bild der Kirchen schillernd. Von dem Eindruck, den die Mehrzahl der katholischen Landpfarrer machte, sagte man, sie würden "verbauern". Im allgemeinen steht man in Distanz zur Kirche.

Nach 1815 gehörte Religion wieder zur kulturellen Atmosphäre. Nach den Enttäuschungen, die man im Zuge der Revolution mit der Eigenmächtigkeit der Vernunft und der Subjektivität erlebt hatte, dachte man antirevolutionär, ehrfürchtig, pietätsbestimmt, in Treue und Gehorsam. Die den Subjektivismus und die potente Rationalität ablehnenden Romantiker sahen sich von Institutionen mit Kult und Symbolik angezogen. Daraus folgte die Hinneigung der Romantiker zum Katholizismus. Aus dieser konservativen Stimmungslage kam das Bündnis von "Thron und Altar" in Deutschland zustande, und die europäischen Mächte fanden sich zusammen in der Deklaration der "Heiligen Allianz". Christliche Prinzipien sollten die Norm der Staaten und der Gesellschaftsordnung wie des

Völkerrechts gegen Umsturz und Krieg sein. Die religiöse Wende mit den Zielvorstellungen hatte ihre Ursache nicht in politischen Absichten, sondern entsprach der religiösen Mentalität dieser Zeit.

Die Lage der Religion ist zwiespältig. Auf dem " Hambacher Fest" ist die Rede von einem "heiligen Werk, der Gründung des Vaterlandes"und der Wiedergeburt des "deutschen Wesens". Diese nationale wie soziale Demokratie hat eine religiöse Färbung; sie spricht von Heil und erhebt Anspruch auf Leben und Tod. Das ist Politik im Gewand der Religion. Die Alternative sieht anders aus.

Für **Heinrich Heine** ist das Christentum nur noch etwas für Witz und Ironie. So wird er zu einem großen Wegbereiter der Entchristianisierung. Für D. Fr. Stauß galt das Christentum für überholt, weil unmenschlich. Bruno Bauer verkündet die Zerstörung der Religion, denn die Religion ist unnatürlich, weil sie nur von Leiden redet. Sie ist nichts als "schmutzige Angst". Deshalb soll man die Religion nicht humanisieren wollen, man muss sie vernichten und die Welt entchristlichen.

Weitere Überlegungen zum Denken des 19 Jahrhunderts.

Ludwig Feuerbach (1804-1872). Er lehrte und schrieb als Privatdozent: Das Wirkliche ist das, was nicht zu begreifen ist. Das ist das Materielle, Sinnliche, Nicht-Geistige. Wirklich ist das Diesseitige, das Irdische, der Mensch in dieser uns bekannten Welt. Deshalb müssen die Menschen aus "Kandidaten des Jenseits" zu "Studenten des Diesseits" werden. Denn," wo das himmlische Leben die Wahrheit ist, da ist das irdische eine Lüge". Die Welt ist also umzudrehen. An die Stelle des Jenseits über unserem Grab im Himmel müssen wir das Jenseits über unserem Grab auf Erden setzen, nämlich die geschichtliche Zukunft der Menschheit".

Die Religion scheint aus einem menschlichen Grundbedürfnis zu folgen. Der Mensch projiziert, weil es ihm um seine Glückseligkeit, seine Ideale, seine Nöte und Ziele geht, diese auf einen sogenannten Gott. Aussagen über Gott sind dann Aussagen über den Menschen. Alles Transzendente ist dann nichts als Vorstellung. Von daher ist Feuerbach für die Anthropologie bedeutsam, da es in der Projektion um menschliche Bedürfnisse geht. Das Christentum sieht den Menschen zwar im Mittelpunkt, aber besonders seit der Reformation zu sehr in seiner Individualität, die beschränkend wirkt. Wird der Mensch von der Gattung her gesehen, der Menschheit, dann wird er von seiner Beschränktheit erlöst. Er wird vollkommen und unsterblich.

Der individuelle Mensch hat nach Feuerbach seien Ursprung in der Gattung. Und statt wie in der tradierten Religion sich auf das individuell Göttliche zu beziehen, soll er dieses im Bezug der Gattung des Mensch-Seins finden. Konkret wird dieser Gattungsbezug in der Ich-Du-Beziehung der Mitmenschlichkeit. So geschieht Gott. Das Beten wird dann Arbeiten, statt Himmel gibt es nur Erde, an die Stelle der Religion tritt dann die Politik.

Auf Feuerbach folgt Marx, der die Religionsfrage radikalisiert. Die Religion entfremdet den Menschen vom Diesseits und muss deshalb abgeschafft werden. Vernunft tritt an die Stelle von Religion. Die Wissenschaft ist das Richtmaß für die Frage nach Sinn und Glück. Und der Weg der Wissenschaft ist der Weg der Wahrheit, der Freiheit, der Humanität. Religion ist dagegen Ausdruck des Elends auf dieser Welt und lenkt einen eventuellen Protest auf das Jenseits. Damit wird eine notwendige Veränderung verhindert. Der Blick auf das Jenseits ist darum "Opium des Volkes".

Wenn dieser Trost beseitigt und nicht nur von der Ich-Du-Beziehung herum interpretiert ist, kann die Revolution des Sozialismus beginnen. Denn die Ich-Du-Philosophie kann die Religion nicht entleeren. Das kann nur eine Revolution und der Sozialismus. Da die Religion nicht so einfach zu beseitigen ist, da die Welt ihrer noch bedarf, muss die Absage radikal sein. Der Mensch muss Herr seiner selbst werden, bis dahin, dass er auch die Gesellschaft und Politik umgestaltet. Es geht um einen vollendeten Zustand der Gesellschaft, in dem der Einzelne auch seinen Sinn findet. Der wissenschaftliche Sozialismus löst die Religion ab und beseitigt Fragen wie die nach Tod, Schuld und den Ungleichheiten im Leben. Die Religionsfreiheit ist nicht Freiheit für, sondern von Religion. Es geht nicht um die Religion der aufgeklärten Bürger, es geht um eine Neuheit. Es geht um eine neue Sozialreligion, die das Ziel hat, eine neue Gesellschaft und einen neuen Menschen zu schaffen. Die marxistische Arbeiterbewegung war radikaldemokratisch, vom Rationalismus, von Gegensatz von Wissen und Glauben und vom Materialismus geprägt.

Ohne auf das kleinbürgerliche, ländliche, intellektuell aufgeklärte Bürgermilieu, die nicht marxistisch denken konnten, einzugehen, kann man kurz sagen: Die Religion, die Theologie sowie die Kirchen dachten idealistisch, das proletarische Milieu materialistisch. Feuerbachs Atheismus und Marx' materialistischer Sozialismus sind aus dieser Zeit nicht wegzudenken. In Bezug auf die Vergangenheit ist ihre Position gründlich zu durchdenken, da dadurch Zeitalter zu begreifen sind. Für die damalige Gegenwart war ihre Position zukunftsweisend.

Ein weiteres Denken, gilt es sich zu vergegenwärtigen.

Die Wirklichkeit als ein Ganzes, als Natur und Geschichte, anorganische Welt und Leben zu sehen, als auch diese von ihrer Begründung wie Zielgerichtetheit her zu begreifen, diese Zeit geht zu Ende, Was Materie und Kausalität, das Eindringen in die Tiefen des Kosmos, was Leben und die Evolution an Unbekanntem offenbaren, all das ist neu und macht stumm. Und was wir erfahren, wenn wir die Welt geschichtlich sehen. Hier geht es nicht um einzelne Fakten, es geht um größere Zusammenhänge, die kulturgeschichtliche Einsichten eröffnen. Diese gewiss hilflosen Andeutungen der Neuheiten unserer Weltwirklichkeit machen unser bisheriges Welt- und Glaubensverständnis brüchig.

Gottes Geist über allem, der Mensch im Mittelpunkt, die Welt begleitet von einer göttlichen Vorsehung, all das wird abgelöst von der Wissenschaft, die keinen Gott nötig hat. ”Es ist die Wissenschaft für uns Religion geworden”, so Virschow (1821-1902), ein Anthropologe, Pathologe und Medizinhistoriker, von dem das Wort “Kulturkampf”im Sinne eine Kampfes für (nicht gegen) die Kultur stammt. Weiter sagt er, nicht, was die Wissenschaft “offenbart”, ist Religion, sondern ihr Erkenntnisbemühen,

Ab der Jahrhundertmitte bewegen die Vorstellungen über Schöpfung, Seele, Willensfreiheit das wissenschaftliche Denken wie die breite Öffentlichkeit. Dennoch haben Vorstellungen Geschöpf und Schöpfer und Unsterblichkeit im Denken vieler keinen eigentlichen Platz. Deshalb schrieb in der Fortführung Darwins **Friedrich Strauß** (1803-1874) :”...der alte Gott gerät in Wohnungsnot”. Was sich breit machte war eine ungläubige Glaubensgewissheit, ein Tasten im Nebel, ein Schweigen über das Unerforschliche. Sicher ist das Gewisse, was man wissenschaftlich wie alltäglich unwissenschaftlich erfährt, und worüber ein Zweifel nicht möglich ist.

Jetzt ist die Welt wirklich weltlich geworden. Der Fortschrittsglaube ist auf der ganzen Linie die Überzeugung schlechthin geworden. Die Religion oder das Christentum, die nur noch eine Nebenrolle spielen, werden uninteressant, denn der Himmel – die Transzendenz –ist verschlossen, besser, den gibt es nicht. Und die Frage nach einem Sinn im Ganzen hat der nach dem viel interessanteren Einzelzweck Platz gemacht.

Das Leben wird ganz in seiner Weltlichkeit begriffen, d.h. immanent gedeutet und auch in diesem Sich-selbst-Begreifen gelebt. Als Schlussfolgerung darf man dann sagen: Ein solches Leben mit inneren, persönlichen und äußeren, sozialen Schwierigkeiten, die mehr durchgestanden und nur ein wenig überwunden, aber längst nicht besiegt sind, kann als gelungen gelten. Solche Viten sind nicht selten interessant. Gelingen bedeutet ja schließlich nicht Vollkommenheit.

Die protestantische Pluralität

Das kirchliche Leben der Protestanten ist ein anderes als das der Katholiken. Da es kein Lehramt etc. gibt, ist es vielfältig. Darüber hinaus gibt es mehrere, auch sich widersprechende Theologien, verschiedene Kirchen (lutherische, calvinistische, unierte), dazu verschiedene Territorial- und Landeskirchen. Weiterhin ist das Kirchenleben zum Teil von der Theologie geprägt. Das Leben der Glaubenden ist weltbezogen und schwankt zwischen Tradition und Moderne. Nicht das Gemeinschaft stiftende und bezogene Brauchtum (Sakramente, Sakramentalien und religiöse Gewohnheiten), sondern das Wort (die Bibel), das Theologie, Kirchenleben und mannigfache Überlegungen beherrscht, bildet den Mittelpunkt.

Aus der zweiten Hälfte des 19. Jahrhunderts ist neben anderen zunächst **Albert Chlorit** (1822-1898) zu nennen. Nach seinem theologischen Denken geht es um die Erlösung des Menschen und um das Reich Gottes. Beide versteht er im Hinblick auf das Sozial-Ethische. Die Erlösung ist die Rechtfertigung des Menschen als die Erneuerung der Gottesgemeinschaft und die Ermöglichung ethisch zu handeln. Reich Gottes ist der Endzweck der Menschheits- und Weltgeschichte. Reich Gottes und Gott-Sein haben als Kennzeichen die Liebe. Jesus offenbarte das Urbild des Reiches Gottes.

Nach Ritschl ist das Christentum eine praktische Religion. Dem ist gerade angesichts eines lehrhaften Fundamentalismus zuzustimmen, wenn man das Christentum als Weg zu Gott und Gestaltung dieses Weges versteht. Folgerichtig ist Theologie wesentlich Ethik, nicht Ontologie. Zum Lebensideal gehört das "Reich Gottes", was die ethische Arbeit in der Welt und für die Menschheit beinhaltet. Gott ist die Liebe. Nur das ist das richtige Denken von Gott, während "Idol" und "metaphysischer Götze " abzuweisen sind. Der Gegenstand der göttlichen Liebe ist die Welt, aber nicht als Natur, sondern als Einheit der Menschheit.

In dieser Weise wollte er die Reformation weiterführen. Und das machte seine Theologie sowohl in der offiziellen Kirche wie bei den Konservativen anziehend. So wurde seine Theologie schulbildend. Die "Theologische Literaturzeitung" und die "Zeitschrift für Theologie und Kirche" können uns daran erinnern.

Aus der Schule von Ritschl sind u.a. bedeutsam die folgenden Theologen.

Wilhelm Herrmann (1846-1922) sieht nicht wie Ritschl die Arbeit am Reich Gottes als das Primäre, sondern den Einzelmenschen, die Person, um die es zunächst geht. Dahinter steckt die Frage, wie der Mensch zu sich selbst kommt? Die Antwort heißt: Indem er Jesus als Liebe Gottes erfährt. Die Erfahrung Gott ist und bleibt an Jesus gebunden. Das ist eine jenseits aller wissenschaftlichen Erkenntnis zu machende existenzielle Erfahrung. In dieser erfährt der Mensch das Böse, wenn er scheitert und schuldig wird, und die Macht des Guten in Liebe und Gnade Diese Gewissheit wird nicht bewiesen. Sie wird erlebt. So entsteht eine neue, eine personale Gewissheit.

Die Basis der Ermöglichung dieser theologischen Deutung der Religion ist die Geschichte. Denn schließlich offenbart oder zeigt sich Gott in der Geschichte. Aber dennoch kann der christliche Glaube nicht begründet werden von Historie, etwa der Rekonstruktion des Lebens Jesu. Es ist der Christus, der in der gegenwärtigen Lebensgeschichte eines Menschen wirksam wird und Grundzüge Jesu als Macht, die den Glauben begründet, zeigt. So wird die geschichtliche Wirklichkeit nach Herrmann zu einer geschichtlichen Wirksamkeit. Nicht die biblische Erklärung, sondern die gegenwärtige Erfahrung Gottes in Jesus, führt zu einem neuen Sein.

Dieses Denken zeigt sich als Gegenpol zum systematischen Denken. Im Spätmittelalter, im 17. und im 19. Jahrhundert ist es jeweils eine Alternative zur Rationalität.

Ein völlig anders Theologisieren begegnet uns bei Harnack. Da die Menschen verschieden sind, ist auch das Denken verschieden. Das führt zu einer Vielfalt, die eine kulturelle Bereicherung ist und auch dem Leben dient.

Adolf von Harnack (1851-1930)

Er war ein Kirchen- und Dogmenhistoriker, der mit seinen Vorlesungen "Das Wesen des Christentums", die mehrfach nachgedruckt wurden, das Christentum mit der Moderne in einen Einklang bringen wollte. Nach ihm reinigt die Historie das Dogma, befreit es von der Tradition. Dabei geht es um den Kern der Botschaft Jesu, der Botschaft von Gott dem

Vater und dem Wert der Einzelseele. Das ist keine theoretische Erkenntnis, sondern eine geschichtlich existenzverwandelnde Erfahrung.

Die Vorstellung von Jesus als Gottessohn gehört nicht eigentlich in das Evangelium, sondern nur Gott, wie es Jesus gesagt hat. Jesus ist nur der Weg zum Vater; das Evangelium gibt die Anweisung für das richtige Leben auf diesem Weg. Paulus hat daraus eine christologische Dogmatik gemacht und die christologischen Spekulationen begründet.

Das Evangelium ist eine Angelegenheit der Gesinnung und des Tuns. So ist die Anerkennung Gottes als Vater die Voraussetzung der Ehrfurcht vor dem Menschlichen. Die Jesusfrömmigkeit ist die Basis der bürgerlichen Kultur und der persönlichen Lebenswelt. In diesem so verstandenen Christentum sah Harnack mehr als eine aufklärerische Belehrung Es ist auch nicht bloß eine Aufforderung. Es ist eine wirkliche Veränderung, die das mitmenschliche Leben neu begründet. Somit ist es nicht ein Entschärfung und Harmonisierung, wie Karl Barth später meinte.

6. Religionskritik der Moderne

Die Geschichte der Kirchen der Neuzeit ist, wie die Aufklärung verdeutlicht hat, eine, in der die Kirchen, das Bild sei erlaubt, mit Bremse und sogar im Rückwärtsgang nach vorn fahren wollten. Die Aufklärung war ein entscheidender Ausgangspunkt der Moderne, in dem sich die Traditionalisten mit aller Gewalt nochmals durchzusetzen versuchten. Der Protestantismus war gespalten. Ein Teil des Bürgertums und die universitären Vertreter der Theologie und Religionsphilosophie durchdachten und begründeten, wenn auch erwartungsgemäß kontrovers, was vertretbar war. Der kirchengeprägte Katholizismus und der konservative Protestantismus lebten jenseits dieser Zeit. Da die Verschiedenheit in der Neuzeit und vor allem in der Moderne immer größer wurde, konnte sich die Rückwärtsgewandtheit bis weit ins 2o. Jahrhundert halten. Erst nach dem 2. Weltkrieg hat sich die Situation geändert.

Feuerbach, Marx, Engels und Freud haben die Religion und das Christentum aus ihrer jeweiligen Sicht angegriffen. Diese Sichtweisen waren bestimmt von der Philosophie, der Geschichte, der Gesellschaft und Psychologie.

Fridrich Nietzsche (1844-1900) sieht das Gesamtkulturelle, d.h. die Gesellschaft als Universalzustand, von dem er sagt, in ihr dominiert der Nihilismus, Zer- und Verfall aller Werte. Dieser Zerfall ist nicht das Ergebnis seiner Philosophie, so sehr sie diesen auch bewusst zu machen versucht, sondern das Ergebnis der Natur- und Geisteswissenschaften; das heißt: "Gott ist tot".

Die bisherige Weltvorstellung sah alles auf Gott hin und von Gott her. Die in Gott fundierte Weltvorstellung wird fraglich. Nihilismus tritt ein, wenn die Suche nach Sinn vergeblich ist, weil es das Gesuchte nicht gibt. Dieses dennoch gläubig anzunehmen, schwächt die Lebenshaltung und ist somit lebensfeindlich und zu überwinden.

Macht, Herrschaft, Stolz sind die neuen Werte, die den Willen zur "Wende der Not" bestimmen. Das Christentum predigt eine Sklavenmoral. Nietzsche will stattdessen eine Herrenmoral, denn "Der Übermensch ist der Herr der Erde. Euer Wille sagt: der Übermensch sei der Sinn der Erde". So kommt der Mensch in die Rolle des wertsetzenden Gottes.

Was Nietzsche will, ist ein völlig neues Weltverständnis, in dem der Mensch dominiert, wobei die späteren Ableger des Christentums, wie Liberalismus, Demokratie, Sozialismus als Ableitungen der Gleichheitshumanität nur ein Sowohl-als-Auch sind. Es ist die christlich-bürgerliche Welt in der Zweideutigkeit. Ihre Werte: Fortschritt, Zivilisation, Humanität, Rationalität sind verblasst. Dagegen steht das eigentliche, das wahre Leben, die wilde und orgiastische, dionysische, vorwissenschaftliche Realität; so ist die vorsokratische, tragische und dennoch lebenbejahende Lebensauffassung der Griechen.

Dagegen steht das Christentum, von dem wir uns befreien müssen, denn es verneint das wahre Leben, die Wirklichkeit und die Erde, Hedonismus und kraftstrotzende Individualität, das Großmütige, Tapferkeit, Glück, Jubel und die Hoffnung des Lebens. Weltverneinung und Erlösungssehnsucht stehen gegen Weltbejahung. So sind die christlichen Werte solche der Dekadenz. Das Leben muss wieder gesund werden, das ist das Wichtigste. Da es bei der Frage nach der Möglichkeit gelingenden Lebens um das Gesamtkulturelle geht, können Frage und Begriffe wie die der Wiederkehr des Gleichen, des Nationalismus und Antisemitismus unerörtert bleiben, zumal Nietzsche niemals ein Antisemit war.

Das Fundamental Neue, das bei Nietzsche aufzuscheinen beginnt, ist wenig bedacht worden. Er war der Denker der vergehenden Tradition und der sich anbahnenden Zukunft. Der Mensch und dessen Lebensgefühl sind ohne ihn nicht denkbar. Was Nietzsche bewegt ist eine völlig neue Kultur. In der Sichtweise Nietzsches heißt das: Gott ist nicht, der Mensch ist.

Wenn Nietzsche die Religion und das Christentum als die Gesellschaft schlechthin prägende Faktoren sehen will, d.h. in einem Universalzustand, dann ist eine gesamtkulturelle Betrachtungsweise erforderlich, und nicht nur eine spezifische nach Freud oder Marx.

Dann kommt unsere ganze Kulturgeschichte, nicht nur Momentaufnahmen aus dem 19. Jahrhundert, mit ihren tiefgreifenden Übergängen in den Blick, wodurch sich aufzeigen lässt, dass wir uns seit geraumer Zeit in einem Wandlungsprozess befinden. Die Kritik Nietzsches wie die Kritik an Nietzsche bringen dann für die Kultur- und Religionsgeschichte neue Einsichten, die über die Neuzeit und Moderne hinausgehen. Aber zunächst zu den Feststellungen der späten Neuzeit und Moderne, wie sie bei Nietzsche zu finden sind.

Nietzsche hat Recht in der Kennzeichnung unserer Kultur.
Denn: Die als Kirchen etablierten Religionen kämpfen um ihre Existenz. Die Politik basiert auf der Macht, die vom Volk ausgeht.
Die Wissenschaften funktionieren nach einem gottfreien Prinzip (etsi deus non daretur). Die Religion wird gesellschaftlich nur ethisch begriffen. Folglich wird der Religionsunterricht durch Ethik ersetzt. Fragen nach der Existenzberechtigung von Religion und Theologie finden verbreiteten Niederschlag in den Medien und der Literatur.

Der Bezug zu Gott, der über Jahrtausende fundamental war, spielt keine Rolle mehr.

Die Wende zur Moderne

Das Gelingen des Lebens wurde vor der Moderne i.a. in der Religion gesehen. Da das Leben in der Moderne immer mehr in sich begriffen wird, d.h. in seiner wissenschaftlich bestimmten und zu bestimmenden Form, haben, wie es scheint, die Sichtweisen der Tradition keine besondere Bedeutung. Neben dem Überleben, worum es im Grunde immer geht, will man eine angenehme Lebensgestaltung.

Der breite historische Horizont beinhaltet Neuerungen wie kaum ein vergangenes Jahrhundert. Zunächst sind es technische Erfindungen: Die Dampfmaschine, deren Entstehung allerdings bis ins 17. Jahrhundert zurückgeht. Sie findet ihre Anwendung in der Dampfschifffahrt und in der Eisenbahn. Die Telegraphie ist ohne die Elektrizität nicht möglich. Das Telephon, die elektrifizierten Bahnen, und vor allem die überall zu sehenden Beleuchtungen, ganz zu schweigen von den Kühl- und Gefrierschränken, - alles aus der Zeit der Moderne - sind aus unserer Welt nicht mehr wegzudenken. Es würde alles zusammenbrechen. So sind diese Neuheiten bestimmend für das 19.Jahrhundert und noch mehr für die danach kommenden Zeiten.

Auch Kunst und Geisteswissenschaften blühen auf. Zu nennen sind hier Plastiken und Architektur: Rodin, Eiffelturm in Paris, Niederwalddenkmal, Kirchenbauten. Zahlreiche Maler: Manet, Gauguin, van Gogh. Die Musik: Beethoven, Richard Wagner, Franz Schubert, Brahms, Richard Strauß, zahlreiche Dichter.Weiterhin bedeutsam sind: Geschichtsschreibung. Altertumsforschung und Sprachwissenschaft. Philosophie: Schelling, Hegel. Nietzsche. Zahlreiche Naturforscher in ganz Europa.

Astronomie und Geographie. Die Vertreter der einzelnen Bereiche, von denen ich nur ganz bekannte, und die ich ohne Kommentar nicht sachgerecht ausgewählt habe, sind im Gegensatz zu früheren Zeiten, vor allem zum Mittelalter und zur beginnenden Neuzeit, äußerst zahlreich.

Das bedenkend darf man sagen, die Welt entfaltet sich. Das gilt auch für die gesellschaftlichen Einstellungen, die sich einmal am Althergebrachten, dann am Zukünftigen oder am zu besorgenden Alltäglichen, das nur die kommenden Stunden oder den nächsten Tag im Blick hat, orientieren.

Aus den Bürgeranliegen und Interessen entstehen zum Teil im Laufe der Zeit Parteien, die ihren Platz im politischen Geschehen beanspruchen. Die Kirchen geraten je nach Ausrichtung ins Abseits oder finden nur noch in bestimmten Kreisen Anklang. Was für die Gesellschaft positiv wie negativ gilt, ist auch in der Kirche nicht anders, denn diese ist ein Teil von ihr und nicht etwas Göttliches außerhalb des Weltlichen.

Das wahrzunehmende Bild ist uneindeutig. Die zahlenmäßige Zugehörigkeit täuscht über die innere Verfassung, die je nach Betrachtungsweise zu verschiedenen Ergebnissen führen kann. Tatsache ist, die Kirchen sind immer noch ein einflussreicher Faktor in der Gesellschaft trotz der Verluste in den Arbeiterschichten und in den Wissenschaften.

Für die Lebensauffassung, die sich nach meinem Eindruck besonders in den Übergängen des Lebens bildet, sind die etablierten Religionen, sprich Kirchen, gefragt. Das Bild, das durch ihre Tätigkeit entsteht, hat sie selbst gezeichnet. Wenn es negativ ausfällt, ist es nicht die Bosheit der Betrachter, es ist das Produkt der Gestalter. Was hier gleichnishaft mit der Bildentstehung über die Lebensvorgänge zu sagen ist, gilt im Grunde allgemein. Die "Skulptur" unserer selbst gestalten wir selbst, dann auch das, was wir gesellschaftlich oder sozial sind. Wir gestalten uns und die uns zugehörige Gruppe.

Das gilt auch für die Kirchen, und besonders in der uns interessierenden Moderne, natürlich besonders für die in der Hitlerzeit. Von der gedanklichen Fortführung der Stoa, die vor allem danach fragte, wie kann man mit den Schwernissen, Glück und Unglück sowie Leiden zurechtkommen, ist bei den Zuständigen nichts zu finden.

Wenn die Kirche durch die Religion so etwas ist wie die Form des individuellen Lebens und der Gesellschaft und ein entsprechendes Erscheinungsbild abgibt, kann man sagen, das Bild mit dem Skulpturvergleich ist nicht oberflächlich; es ist bedenkenswert. Schließlich haben wir es mit einer Perversion der Religion zu tun. Das Gegenteil dessen, was die Religion zentral fordert und beinhaltet, wenn sie sagt, "Gott ist die Liebe", wurde Realität.

Wie haben angeblich theologisch gebildete Kirchenvertreter dem Religiösen entsprochen?

Die theologischen und kirchlichen Voraussetzungen des Dritten Reiches

Der Nationalismus, eine Geburt der Moderne, hat verschiedene Ausprägungen. Nicht darf verschwiegen werden, die kriegerische, sagt doch der angesehene Theologe Paul Althaus zu Beginn des Ersten Weltkrieges: "Wir stehen mit Gott in diesem Krieg als seine Diener, zum Tun seines Willens aufgerufen ... Darum ist es ein heiliger Krieg ... für jeden ... Gottesdienst". Noch im Frühjahr 1918 predigte der Berliner Pfarrer Otto Dibelius:" Nicht Verzicht und Verständigung ... sondern Ausnutzung unserer Macht bis zum Äußersten, das ist die Forderung des Christentums, seine Forderung an uns deutsche Christen". Weiter:"Wer ein Christ ist, dem muss sein Volkstum über alles gehen in der

Welt". So konnte man reden, wenn die Weltgeschichte, wie für ihn, zur "Offenbarung des lebendigen Gottes" erklärt wurde. Dass der Protestantismus nach 1918 wie vor eine Wand gefahren war, ist von diesem Nationalismus aus verständlich. Es war ein Kulturschock, der bis 1933 nicht überwunden wurde. So standen sich ein demokratisch-republikanisches Denken und ein monarchistisch geprägtes Staats-und Kirchenverständnis in der Weimarer Zeit gegenüber. Im kirchlichen Jahrbuch war in Bezug auf den Umbruch die Rede vom "tollen Pöbel, vom Sozialismus als "Ethik des Minderwertigen" vom Acht-Stunden-Tag als dem "wahnwitzigsten der volkswirtschaftlichen Irrtümer". Dem steht gegenüber: Kein Wort zur Ermordung von Erzberger und Ratenau, auch kein Beileid zum Tod von Ebert. Die Revolution von 1918 war ja schließlich, wie Dibelius feststellte, den "Mächtgen der Finsternis" zuzuschreiben. Bejahung von Demokratie und Parlamentarismus, wie der evangelische Theologe und Religionsphilosoph Troeltsch forderte, stießen auf radikale Ablehnung, deren Vertreter für Kontinuität ohne Bruch kämpften.

Nach der sechsmonatigen Amtszeit des preußischen Kultusministers Adolf Hoffmann, der mit seinen Forderungen der Trennung von Staat und Kirche, der Einstellung der Staatszuschüsse, der Erleichterung des Kirchenaustritts, der Aufhebung des kirchlichen Religionsunterrichts für viel Wirbel gesorgt hatte, wurde eine Staats-Kirchen-Verfassung erarbeitet, die später in das Bonner Grundgesetz übernommen wurde. Danach sind Staat und Kirche getrennt, doch ist die Kirche eine Körperschaft öffentlichen Rechts mit der Garantie des Kirchensteuereinkommens.

Die protestantische Kirche hatte die Auseinandersetzung mit Hoffmann eigentlich siegreich überstanden. Aber auf der Basis war ein neues Kirchenleben nicht ohne

Auseinandersetzungen zu haben. Für Wirbel sorgten angesehene Theologen.

Paul Althaus sagte 1923: Die Republik ist ein "gottloser Staat"...denn... eine demokratische Verfassung a la Weimar`, die der Mehrheit der jetzt lebenden Staatsbürgern die Fähigkeit gäbe, den politischen Willen zu bilden, wäre zutiefst unsittlich". Notwendig ist ein "verantwortliches Führertum", das "tief in dem Vertrauen des Volkes wurzeln muss".

Hirsch; "Nur ein Volk, das sehr stolz auf die ihm von Gott gegebene Art ist, das sich für unentbehrlich im Menschheitsganzen " hält, ist der neuen Epoche gewachsen. Der Gedanke der Erneuerung beherrschte die Weimarer Zeit. Nach Hirsch zeigt sich die Erneuerung der Universität darin, dass Lehrer und Schüler denselben braunen Rock tragen.

Gogarten: Vor allem untersteht der Christ "dem Gesetz seines Volkes". Die Machtergreifung Hitlers war die Erlösung aus der tiefsten Not.

Nach der Zwei-Reiche-Lehre Luthers, begrifflich kurz auf einen Nenner gebracht in Gesetz und Evangelium, kommt dem Staat die absolute Herrschaft - Totalitätsanspruch des Staates -, auf alles Irdische zu, und der Kirche nur das Evangelium.

Der völkisch, nationalistisch, antisemitisch denkende evangelische Journalist Stapel (1882-1954): "Das deutsche Volk ist ... eine Idee Gottes". Also hat das deutsche Volk eine von Gott gegebene, notorische Ordnung, ein Volksgesetz. Hüter des Volksgesetzes ist der Staat. Die Aufgabe der Kirche ist beschränkt auf die Verkündigung von Kreuz und Auferstehung, auf Sündenvergebung, Gnade, Sakramente und die Verkündigung des künftigen Himmelreiches.

Dieses einseitige religiös-politische Denken, das fernab der Bergpredigt sich vollzieht, identifiziert sich mit dem Schicksal des Volkes und glaubt: "Das ist das richtige Verständnis von Gottes Wort".

Eine ökumenische Zusammenarbeit mit den evangelischen Kirchen ehemaliger Feinde, gemeint ist das Ausland, stieß auf eine ablehnende Haltung.

Ein entschiedener Gegner dieser ganzen Auseinandersetzungen, die politischen Inhalt hatten, war der in Münster lehrende Schweizer Karl Barth, bestand er doch auf einer Ausscheidung jeglicher Politik aus dem Protestantismus. Auf der Gegenseite stand Dibelius, der dazu noch das Judentum als zersetzenden Faktor der Moderne anprangerte. In einem österlichen Sendschreiben heißt es:

"Meine lieben Brüder! Für die letzten Motive, aus denen die völkische Bewegung hervorgegangen ist, werden wir alle nicht nur Verständnis, sondern volle Sympathie haben. Ich habe mich trotz des bösen Klanges, den das Wort vielfach angenommen hat, immer als Antisemiten gewusst. Man kann nicht verkennen, dass bei allen zersetzenden Erscheinungen der modernen Zivilisation das Judentum eine führende Rolle spielt".

1926 entstand die "Deutsch-Christliche-Arbeitsgemeinschaft Großdeutschlands"mit rechtsradikalen Protestanten. In der Folgezeit entstanden weitere völkisch-christliche Kreise und Landesgruppen, unter denen die "Christlich-Deutsche Bewegung" die wichtigste war.

Im September 1930 kam es zu einer zweifachen Veränderung. Hitler wurde Wahlsieger, und angesehene Kirchenvertreter überschlugen sich in der Akklamation. Der Soldiner Dompfarrer Wienecke: "Hakenkreuz und Christenkreuz sind kein Gegensätze". In vielen evangelischen Stimmbezirken hatte die NSDAP

Riesenerfolge. Pfarrer Hossenfelder, seit 1929 Parteimitglied, sprach von einem "arteigenen Christentum" und von einer "Bastardisierung" durch Mischehen mit Juden. Die offizielle Kirche hat zum Nationalsozialismus vornehm geschwiegen. So wurde auch der Untergang von Freiheit und Demokratie am Tag von Potsdam, dem 21. März 1933 nicht als dunkle Stunde beklagt. Warum auch? Es kam doch schließlich zur Bildung der lang ersehnten Reichskirche mit dem von Hitler berufenen Militärpfarrer Ludwig Müller zum Reichsbischof. Das war eine Wende, die man als"Fügung Gottes" pries. Zum Leiter der NS-Fraktion innerhalb der Kirche wurde Pfarrer Joachim Hossenfelder bestimmt. Über dessen "SA-Jesu-Christi" hat der Reichsbischof die Schirmherrschaft übernommen. Verschiedene nachfolgende Wahlen fielen eindeutig positiv für die nationalsozialistische Bewegung aus, wobei große Teile der Pfarrerschaft "Impulsgeber" waren. In Berlin gehörten 4o % der Gemeindepfarrer zu den Deutschen Christen und 20% waren Parteigenossen.

"Die politische Theologie", hinter der Althaus, Hirsch und Gogarten standen, forderten ein "artgemäßes Christentum" mit einem "heldischen Jesus". Das Alte Testament galt als "Judenbuch".Alle jüdischen Spuren in der Kirche sollten verschwinden, der Führergruß die Gemeinden verbinden. Es kam durch die Deutschen Christen zu harten Auseinandersetzungen auf verschiedenen Gemeindeebenen. Im September 1933 entstand der Pfarrernotbund, der eine Gegenposition zum Reichsbischof bildete. Zu dessen Beraterstab gehörten fast nur Parteigenossen, die sich für die "Ausmerze" aller jüdischen Elemente aus der Bibel und Kirche stark machten. Die sich vor allem im Westen Deutschlands bildenden Pfarrerbruderschaften, die viele calvinistische Mitglieder hatten, leisteten Widerstand. So erhielt die Opposition gegen die Deutschen Christen Verstärkung. Der Berlin-Dahlemer Pfarrer Martin Niemöller, der anfänglich dem Völkisch-Nationalen der Hitlerbewegung nach dem Austritt aus dem Völkerbund Sympathie entgegenbrachte, ging in Opposition und bald danach als ein besonderer Häftling Hitlers bis 45 ins KZ.

Am 31. Mai fand in Barmen die "Erste Bekenntnissynode" statt. Sie wurde zum Gründungsdokument der Bekennenden Kirche. Der Kampfruf der Deutschen Christen "Christus und Deutschland" wurde umformuliert: "Erst Christus, dann Deutschland".

Die Bekennende Kirche war, wie man sagt, eine Frauenbewegung, allerdings von Männern geführt. Bald wurden auch Frauen ordiniert, eine Wende, die nach 1945 erhalten blieb. Die Deutschen Christen blieben antisemitisch, aber die Bekennende Kirche trat weiterhin für die Taufe der Juden ein.

Hanns Kerrl, ein alter Kämpfer, wurde 1935 Reichskirchenminister und Vorsitzender des "Reichskirchenausschusses". Er erklärte: "Wir bejahen die nationalsozialistische Volkswerdung auf der Grundlage von Rasse, Blut und Boden". Der Kampf zwischen Regimegegnern und Deutschen Christen, die nach dem Anschluss Österreichs einen Treueid auf den Führer forderten, fand eine Zuspitzung in der Sudetenkrise, als eine Friedensliturgie der bekennenden Kirche für neue Auseinandersetzungen sorgte. Minister Kerrl hat die evangelischen Bischöfe Mararahrens und Meiser bewogen, die Friedensliturgie zu verurteilen. Das "Schwarze Korps" der SS sprach in diesem Zusammenhang von "Ausmerze der Verbrecher". Zu den Judenpogromen von 1938 hat die Kirche, wie kurz darauf Bonhoeffer feststellte, aus Mangel an Zivilcourage nichts zu sagen gewusst.

Nach 1939 wollte der Führer einen "Burgfrieden", denn an der Heimatfront sollte Ruhe herrschen und keine Aktion gegen die Kirchen diese Ruhe stören.

Zur Euthanasie schwieg die evangelische Kirche, und der katholisch Bischof von Münster Graf von Galen prangerte diese in Predigten öffentlich an. Seine vervielfältigten Predigttexte fanden in ganz Deutschland ihre interessierte Leserschaft. Allerdings konnte ihr Besitz lebensgefährlich werden.

Von 1933 bis 1945 hat die evangelische Kirche nichts gegen den aktiven Antisemitismus getan, nichts gegen die KZ-Inhaftierungen missliebiger Deutscher, nichts gegen die massenhafte Zwangssterilisierung und die schreckliche Euthanasie. Der Judenmord wurde totgeschwiege wie auch die Kriegsverbrechen.

Der evangelische Pfarrer Temel half bei der "sippenkundlichen Ausforschung sämtlicher Berliner Familien nach jüdischen Vorfahren". Es ging um Ausstellung oder Verweigerung des Arierausweises, der lebensentscheidend sein konnte. Temel ist nach 1945 nichts geschehen; weshalb nicht, ist der Überlegung wert.

Als der Ausgang des Krieges immer sicherer wurde, schrieb Bonhoeffer: "Entweder in die Niederlage ... einwilligen, damit die christliche Zivilisation weiterleben kann, oder in den Sieg und dabei unsere Zivilisation zerstören". Es fehlte weiten Teilen des Protestantismus ein theologisch begründetes Widerstandsdenken. Beweis ist die eilfertige Treueversicherung nach dem 2. Juli, als man für "Gottes gnädigen Schutz" in den Kirchen offiziell dankte. Und dazu noch die Erklärung: "Unsere inbrünstige Bitte geht dahin, dass Gott der Herr, unseren Führer weiterhin schütze und ihm für die großen Aufgaben der Zukunft Kraft schenke". Alles Weitere betrifft das Militärische etc.

Der Katholizismus zu Beginn der Moderne

Die katholische Kirche wurde zu Beginn der Moderne entfeudalisiert, d.h. Herrschaft, Besitz und Einkünfte des ancien regime hat sie verloren und wurde damit zu einer rein religiösen Gemeinschaft. Die Enteignung wurde zu einer Befreiung. Die Kirche ist keine Adelskirche mehr. Bischofsstühle, Domkapitel sind keine Versorgungsplätze mehr für nachgeborene Adelige. Die Macht und das Gericht der Bischöfe geht auf den Papst über. So entstand der Papalismus. 1864 hat der Papst in einer Enzyklika 80 Irrtümer der Zeit gesammelt und in einem angehängten "Syllabus errorum" veröffentlicht. Verworfen werden Meinungs-, Religions- und Wissenschaftsfreiheit; Zivilehe, Staatskirchentum, Staatsrecht; Liberalismus und Freimaurertum; Volkssouveränität und Demokratie, allgemeines Stimmrecht und Souveränität der Nationen sowie Sozialismus und Kapitalismus.

Das war die Verdammung der modernen Welt. Wer nicht ebenfalls dagegen war, war nicht rechtgläubig.

Dass darauf eine große Diskussion mit abschwächenden Erklärungen nach links und rechts erfolgte, ist verständlich. Gebildete konnten in einer solchen Kirche nur schlecht ein aufrechtes Leben führen. Da sie in der Minderheit waren, verhallte ihre Oppositionsstimme. Die geringe katholische Opposition führte deshalb nicht zur Spaltung. Da der überwiegende Teil der Kirche einfache Leute waren, berührte sie, was Kultur, Staatsrecht und Fragen der Wissenschaft anging, kaum. Diese Leute führten ihr religiöses Leben im sonntäglichen Messebesuch, im Sakramentenempfang und im Brauchtum. Das Leben war für sie auf diese Weise so gestaltet, dass es Bedeutung hatte, denn für sie stand hinter den kirchlichen Riten ein in diesen anwesend geglaubter Gott.

Die katholische Kirche ist eine Priesterkirche, in der das sakramentale Geschehen im Mittelpunkt steht. Sakramente begleiten das ganze Leben. Sie stehen am Anfang und Ende des Leben als Taufe und letzte Ölung. Am Anfang der Jugendzeit gehen Mädchen wie Jungen zur Erstkommunion, und an Ende der Jugendzeit empfangen sie die Firmung als Stärkung für die Berufszeit. Der Beginn wie das darauf folgende Leben in menschlicher Zweisamkeit ist sakramental bestimmt und soll Unverbrüchlichkeit gewähren. Die bekannten Feste des Kirchenjahres, das Beten bei verschiedenen Anlässen, das Kreuzzeichen, Wallfahrten ergänzen das Sakramentale, so dass alles im Leben durch die Religion eine Form und Sinnbestimmung erhält. Auf diese Weise wird durch die Kirche das Leben zu einem Er-leben und gewinnt Sinn. Deshalb darf man nochmals sagen, die katholische Kirche gibt dem Leben durch ihr Brauchtum eine Geborgenheit, die als einmalig erlebt wird. Vielleicht ist in dieser Sichtweise der Katholizismus auch in der zweiten Jahrhunderthälfte, wenn nicht überhaupt, zu beurteilen.

Denken wir an das Katholische als Brauchtum, dann hat das Essen, Trinken, Wasser-Übergießen, Ölen, Handauflegen etwas mit der Leiblichkeit zu tun. Wir leben alle leiblich. Deshalb ist gegen das Brauchtum keine Ablehnung angebracht.

Die typisch religiöse Sicht der Protestanten ist, vielleicht sogar fundamental, anders. Es geht um das Wort, dabei um das Erklären und Verstehen des Lebens im Hinblick auf Gott. Gott denken, ihn seelisch erleben, im Innern, ohne Bräuche, auch wenn es die als Taufe und Abendmahl gibt, Gottes gewiss werden. Bei allen möglichen Gelegenheiten und zu allen bedeutenden Anlässen soll deshalb der Prediger zu einer entsprechenden Erklärung bereit sein. So wird der Glaube, das Vertrauen auf Gott, zum Erlebnis. Das erinnert an den spätmittelalterlichen Mystiker Meister

Eckhart, für den sich nicht wenige Protestanten interessieren. Ein Beispiel ist Dorothee Sölle.

Geht es im Katholizismus um die leibliche Erfahrung durch ein Brauchtumsgeschehen, so im Protestantismus um die Glaubensdeutung durch das Wort. Die Akzente werden verschieden gesetzt, protestantisch geistig-seelisch, katholisch leiblich-seelisch.

Der Katholizismus der zweiten Jahrhunderthälfte ist überschattet vom Unfehlbarkeitsdogma (der Papst ist unfehlbar, wenn er als oberster Hirte und Lehrer einen bestimmten Satz aus der Glaubens-und Sittenlehre als der ganzen katholischen Kirche anzuerkennen vorschreibt), bei dem sich die Befürworter durchsetzen und die Gegner um der Einheit willen nachgeben. Bei den kirchlichen Laien kreist das Denken um Tod, Sünde, Gericht und Erlösung, wobei eine enge Moral, besonders in der Sexualität, vertreten wird. Sentimentale Marienfrömmigkeit vermittelt eine sonst nicht zu findende mütterliche Geborgenheit. Königtum Christi, Eucharistische Kongresse, Wallfahrten, die triumphierende Kirche, die liturgische Bewegung, Altes und am Alten orientiertes Neues etc. errichten für die Gläubigen in scharfer Abgrenzung eine Welt für sich. Liberalismus, Rationalismus, Sozialismus und die Modernität errichtet Schranken, hinter denen sich katholisch-fromm leben lässt. Durch das ausgeprägt katholische Vereinswesen hatte der Katholizismus auch eine Infrastruktur, die in Abgrenzung von der übrigen Gesellschaft ein Leben für sich ermöglichte.

Akademikervereine, die Görres-Gesellschaft zur Förderung der Wissenschaften, katholische Frauenbewegungen, katholische Presse haben den Katholizismus als Minderheit zentriert. Die entstandene Subkultur hat in späterer Zeit Erneuerungen ermöglicht, indem sie das Klerikale und das Ultramontane (Rom als Zentrum) zurückdrängten. So hat das innerkirchliche und das Randständige eine Kraft zur Modernisierung entwickelt,die man z. Zt. der Entstehung nicht erkennen konnte. Das zunächst misslungene kirchliche Leben gewinnt in späterer Zeit ein tatsächliches Gelingen.

Die Zeit nach 1945

Der Zusammenbruch des Dritten Reiches wird vielfach die Stunde Null genannt. Das würde bedeuten, man sieht diese Zeit als die Herausforderung zu einem gänzlich neuen Anfang und wendet sich grundsätzlich ab vom Alten, das man nicht leugnet, sondern als Fehltritt sieht. Im Oktober 1945 kommt es in Stuttgart, gewiss nach heftigen Auseinandersetzungen, zum Schuldbekenntnis: "Durch uns ist unendliches Leid über viele Völker und Länder gebracht worden"...

"Wir klagen uns an, dass wir nicht mutiger bekannt, nicht besser gebetet, nicht fröhlicher geglaubt und nicht brennender geliebt haben". In gemeinsamer Arbeit mit der Ökumene sei man bestrebt,..."dem Geist der Gewalt und der Vergeltung entgegenzutreten", damit "der Geist des Friedens und der Liebe zur Herrschaft komme, in dem allein die gequälte Menschheit Genesung finden kann".

Dass auf dieses Bekenntnis hin eine heftige Debatte ausgelöst wurde, kann man sich denken. Ganz am Schluss stellte Karl Barth, wenn auch vielleicht etwas einseitig fest: "Es ist eine am entscheidenden Punkt trotz Stuttgart noch immer unbußfertige und verstocke Kirche".

Die katholische Bischofskonferenz stand nicht zu den Fehlern der Kirche und schwieg.

Das typisch Nationalsozialistische, das sich im Rasse-Denken und Antisemitismus, einschließlich Judenfeindschaft, und im National-Völkischen niedergeschlagen hatte, spielte kaum noch eine Rolle. Es war wie ausgeschwitzt. Die Sorge für den Alltag und der nach der Währungsreform einsetzende Wiederaufbau haben die Fragen nach der Vergangenheit überlagert. Dazu kommt noch der Einfluss der westlichen Demokratien auf das sich entwickelnde neue demokratische Denken gemäß der Bonner Verfassung.

Ein wesentliches Element der evangelischen Öffentlichkeitsarbeit sind die von der evangelischen Kirche nach dem zweiten Weltkrieg ins Leben gerufenen Evangelischen Akademien, durch die die Kirche ihre soziale und bildungsmäßige Funktion wahrnimmt. Das war auch mit eine Art von Abkehr von der Nazizeit und eine Hinwendung zur Gegenwart. Die Evangelischen Akademien fanden verschiedene Nachahmer, in und außerhalb der Kirchen.

Die evangelische Kirche zeigte in der Bonner Republik eine der Weimarer Republik und Nazizeit entgegengesetzte Haltung. Man war republikbejahend, verstand sich dabei auch als Korrektiv. Deshalb war man gegen die von den christlichen Parteien propagierten Atomwaffenpläne. Man war gemäß dem Tübinger-Programm für die Anerkennung der Oder-Neiße-Grenze, und in der Ost-Denkschrift der EKD-Kammer für die Anerkennung der deutsch-polnischen Grenze. Auf Kirchentagen war man offen für neue theologische, gesellschaftliche und politische Probleme. Die Atmosphäre bei diesen Veranstaltungen war besser und von mehr Interesse geprägt als manche lauthals vorgetragene Kirchenkritik und "Religionsgwurstigkeit".

Das Problem heute ist eine gewisse Gleichgültigkeit und ein Desinteresse auf dem Gebiet des Weltanschaulich-Religiösen, aber auch gegenüber bohrenden Fragen ganz allgemein. Anders gesagt, es mangelt an Problembewusstsein.

Da es keine Tabu-Themen und -Bereiche gibt, ist ein Leben im Protestantismus in Freiheit möglich. Deshalb ist ein ernsthaftes Eintreten für Notwendigkeiten im Sozialen möglich. Ich denke hier an Diskussionen mit Politikern auf Kirchentagen.

In der ersten Hälfte des 20. Jahrhunderts war, grob geurteilt, der Beitrag des Protestantismus zu einem gelingenden persönlichen Leben fast unmöglich, jedenfalls äußerst fraglich. Das Individuum wurde vom Kollektivum fast verschluckt, sodass sich die Frage stellt, welches individuelle Leben ist gemeint, und was soll Gelingen heißen? Geht man auf die Zeitumstände, die in diesem geschichtlichen Raum eine Rolle spielen, nicht näher ein, dann wird der zu beurteilende Lebensraum zu eng gesehen, und die Erkenntnisse sind Halbwahrheiten. Der Beweis sind lexikalische Darstellungen von bedeutenden Vertretern dieser Zeit, die durch Auslassungen der NS-Zeit und deren Vorgeschichte geschönt sind.

Der Katholizismus zwischen Rückschritt und Fortschritt

Zu Beginn des 20. Jahrhunderts erließ der Papst eine Enzyklika gegen die Modernisten und forderte von allen Theologen, mit Ausnahme der Universitätstheologen, einen Antimodernisteneid. Das führte zwischen Reformern und Gegnern zu harten Auseinandersetzungen. Die Reformer waren Repräsentanten einer Elitekultur, die Konservativen verstanden sich als Bewahrer und Verteidiger der Volkskultur. Viele Katholiken lebten geistig nicht in ihrer Zeit. Neugotik und Romanik, Barock und Nazarenerstil, Scholastik und Thomas von Aquin, auf den Leo XIII. die katholische Philosophie und Theologie verpflichtete, sind bei allen zu machenden Einschränkungen (es gibt auch eine protestantische Gotik: protestantische Gedächtniskirche in

Speyer) dafür ein Beweis. Es herrschte auch Misstrauen gegenüber zu viel höherer Bildung, weil nicht wenige auf diesem Weg dem Glauben untreu geworden sind. Die Konservativen wie Progressiven bestimmten weiterhin die Atmosphäre, wobei die Konservativen es verstanden, sich als geschlossener Gesellschaftsfaktor recht gut zu stabilisieren, während progressive, intellektuelle, katholische Bürger zersplittert erschienen.

An welches Leben richtet sich hier die Frage nach dem Gelingen? Der einfache, brave Kirchgänger sah sein Leben von der Geburt bis zum Tod sakramental begleitet. Und die Feste wie Weihnachten und Ostern hatten dem Jahr einen Zeitcharakter, der mehr als ein Ablauf ist, verliehen. Es war mehr als eine Abwechslung, auf die hin man lebte; man wurde sich seines Lebens von neuem bewusst. Um die Kontroversen zwischen Progressiven und Konservativen hat sich der "normal"Gläubige wenig gekümmert, ihn plagten die alltäglichen Sorgen. Wenn aus den Kindern etwas Gescheites geworden ist, dann haben sich all die Mühen gelohnt, dann war das Leben gelungen.

Noch etwas anderes gilt es nicht zu vergessen. Die Kirche vermag dem Leben einen für das Leben bedeutsamen Rahmen zu geben. Da sie aus den Gelegenheiten mehr aus ihnen macht als nur Zeitpunkte zu sein, nämlich Feste, die begangen werden, wird ein "seelisch-wärmendes Erleben" geschaffen.

7. Kirchenbestimmende Faktoren des 19. und 20. Jahrhunderts

Die national verfasste Gesellschaft ist - vor allem, was das 2o. Jahrhundert angeht - in Bezug auf die in Kirchen etablierte Religion als Hintergrund des Politischen wie des Weltanschaulichen zu sehen. Da die Religion ein wesentlicher Faktor ist, der ein Leben individuell wie sozial-kollektiv prägt, müssen auch Grund-und Glaubensüberzeugungen als Weltsichten zur Sprache kommen, die nur entfernt dem Leben seinen Charakter geben und nur dem Nachdenken sich als fundamental-lebensbedeutsam erschließen.

Da der technische Fortschritt nach und nach ein besseres Leben ermöglichte und ja auch vom Fürsten-und Kaisertum unterstützt wurde, dachte man nicht an deren revolutionäre Beseitigung, um eine Republik und Demokratie zu schaffen. Zudem sah man ja auch immer noch die Obrigkeit als gottgewollt.

Die Einheit von Thron und Altar garantierten eine Dominanz des kapitalistischen Imperialismus nach außen; nach innen war es ein stolzes Identitätsbewusstsein, das sich in Volkstum und Vaterlandbewusstsein erging. Dieses Identitätsbewusstsein hat seine historische Begründung in der modernen Biologie, aus der sich der Begriff der Rasse entwickelt hat. Der Weg nach "Blut und Boden"als dem Heimatlichen ist dann nicht mehr weit.

Die das moderne Zeitalter kennzeichnenden Neuerungen sind Technik und Industrie sowie Natur- und Geisteswissenschaften. Die Politik stand hinter dieser Entwicklung. Der sich außereuropäisch ausbreitende Kapitalismus führte besonders im mit nicht geringen Erfolgen aufstrebenden Deutschland dazu, dieses Zivilisatorisch-Kulturelle, das Politisch-Gesellschaftliche, d.h. das eigene Land und auch die Religion wie den Gipfel der Welt erscheinen zu lassen.

Trotz aller theologischen, kirchlichen, auch gesellschaftlichen Gegensätze, gab es im Protestantismus auch große Gemeinsamkeiten, so in der individuell-persönlichen Frömmigkeit, im privaten Bibellesen und Meditieren, in der religiös bestimmten Fürsorge und besonders im nationalen Glaubensbewusstsein.

Das Lutherjahr 1817 feierte man als ein großes Jubel-und Dankfest. Ein Gottesgericht hatte Napoleon gestürzt. Man hatte die Erfahrung gemacht, wenn man für eine "heilige" und gerechte Sache kämpft, dann schenkt Gott den Sieg, denn er ist ja die geschichtslenkende Macht. Gott als Herrn der Geschichte zu begreifen, prägte das religiöse Denken des ganzen Jahrhunderts. Im Katholizismus eine Selbstverständlichkeit. Im Protestantismus sorgte u.a. der Pietismus durch sein Schrifttum für die Verbreitung dieses Glaubens.

Der Protestantismus konnte sich sowohl mit der ersten wie auch mit der zweiten Hälfte des 19. Jahrhunderts trotz vieler kirchlichen Verluste identifizieren.

Waren um 1815 Rationalismus und Erweckungsfrömmigkeit vorherrschend, so um 1870 Konfessionalismus und Kulturprotestantismus. Mehrere protestantische Kirchen verschiedener Richtung (Lutheraner, Calvinisten, Freikirchen) bildeten Unionskirchen. Der Kulturprotestantismus, ein sehr verschwommener Begriff, beinhaltet die Krise der tradierten Religion in der Begegnung mit dem neuzeitlichen Denken, wobei sich ein moderat offener,volkskirchlicher Bildungsprotestantismus in außer- und innerkirchlichen Auseinandersetzungen bildete.

Die großen evangelischen Kirchen waren staatsabhängige Volkskirchen.An eine Trennung dachte man kirchlicherseits weder evangelisch noch katholisch. Man war ja mehrheitlich konservativ eingestellt, und insofern war man antiliberal, staatstreu und revolutionsfeindlich. Mit einem starken Nationalismus war auch ein sich kulturell stark abgrenzendes Denken, das aggressive Züge hatte, verbunden. Der in dieser Zeit aufkommende Antisemitismus findet hier seine Erklärung.

Daneben fanden eine Entkirchlichung und Entchristlichung statt, und das sowohl unter den Gebildeten wie auch unter den Arbeitern. Daneben gab es auch eine Ermutigung, über die man streiten kann. Der Sieg Deutschlands über Frankreich 1870/71 wurde als Triumph des deutschen Protestantismus über die französische Religion bewertet. Mit ein Grund, weshalb der Protestantismus zu leitenden Kultur, d.h. zum Fundament der Werte in Deutschland, gesehen wurde.

Entmenschlichung und Entchristianisierung bedeuten aber nicht ohne weiteres Religionsverlust-oder Feindschaft. Das Abwandern ins Private oder in Ersatzformen beweisen das Gegenteil. Trotz des Rückgangs der Kirchen hat das 19. Jahrhundert auch eine Konfessionalisierung erfahren, so dass die Verhältnisse nicht eindeutig erscheinen. Neben den bereits erwähnten Einigungsbestrebungen auf Landesebene wie zwischen den Ländern oder auch die zwischen Lutheranern, Calvinisten und Freikirchen gab es auch Gegenkräfte mit starkem Beharrungsvermögen, um beim Alten zu bleiben.

Die Führungsschicht der reformatorischen Tradition entsetzte sich vor den Ereignissen von 1848; man war ja doch grundsätzlich gegen alles, was an die Französische Revolution erinnerte. Diese galt als antiklerikal und unkirchlich, weil sie gegen Kirchenbesitz, gegen die christliche Zeitrechnung und für ein Bündnis mit dem Papst war. Dic Folge war eine antirevolutionäre Grundhaltung der deutschen Protestanten, die das weitere Verhältnis bis zum Weltkrieg politisch wie religiöse gegenüber Frankreich bestimmte. In der neu gegründeten "Kreuzzeitung"lautete das Motto: "Vorwärts mit Gott für für König und Vaterland". Man hatte von Seiten Frankreichs Verfolgungsängste, auch in den kommenden Jahren, obwohl man doch zwischenzeitlich gesiegt hatte. Ein Beweis für kaum zu beseitigende Grundstimmungen, die auch in Bezug auf das 20. Jahrhundert zu bedenken sind. Gesellschaftliche Einstellungen und kulturelle Überzeugungen sind langlebig und kaum zu widerlegen, da sie weiterwirken.

Generalsuperintendent Lahusen predigte in Berlin, vor dem Weltkrieg sei Deutschland nicht besonders tüchtig gewesen. "Aber jetzt sind die höllischen Gewalten unter Gottes Hand, und in den Heeren des Krieges kommen Gottes himmlische Engel, und im Donner der Kanonen und in den Stimmen des Jammers redet die Stimme des Vaters: der grausige Krieg wird zur Gabe des Vaters". Ergänzend dazu der Theologe Althaus: "Dieser Krieg ist heilig, weil in ihm Gott kommt". Und weiter: weil wir so beten, wollen wir diesen Krieg, und wir sind gewiss, ihn als Gottesdienst zu führen, als das Volk, das zum Segen berufen ist".

Ab März 1916 trat allmählich eine "Kriegsmüdigkeit" ein. Dagegen opponierten die Kirchen. Sogar gegen die Friedenserklärung des Deutschen Reichstags. Und nach dem Frieden 1917 mit Russland war die Antwort in der "Evangelisch-Lutherischen Kirchenzeitung auf die Frage, wie es jetzt weitergehen soll?: "Was Gott angefangen hat, pflegt er auch zu vollenden, er tut nichts halb..."

Weiterhin war man in der Kriegs- und Siegesstimmung der Meinung, wenn in England noch klar denkende Christen wären, so müssten sie jetzt aufstehen, sich auflehnen und ihrer Regierung zurufen: "Genug, der Herr streitet für Deutschland".

Aber Deutschland ging seiner Niederlage entgegen. Wo liegt die Ursache? war die allenthalben gestellte Frage. Nicht an der Front, in der Heimat, so die "Dolchstoßlegende". Die Theologen sahen die Ursache in der Glaubensschwäche der Deutschen. Deshalb habe Gott seine Hand von Deutschland abgezogen. Die Pseudotheologen, die anscheinend nichts von politischen und strategischen Zusammenhängen verstanden, haben fromm geschwafelt. Deshalb haben sie den Eintritt der USA in den Krieg, die Auswirkungen der Streiks, den Zustand der deutschen Truppen, die Zusammenbrüche der osteuropäischen Staaten und der Türkei nicht konstatiert. Ohne Umschweife darf man sagen: Die Haltung der Kirche zum und im Ersten Weltkrieg war eine Blamage.

Die katholische Kirche und das Dritte Reich

Im Gegensatz zum Protestantismus war die offizielle katholische Kirche bis 1933 ein entschiedener Gegner des Nationalsozialismus. Manche Katholiken sind es im Gegensatz "zu Denen da oben" auch geblieben.

Die Allianz von Thron und Altar hatte Nachwirkungen. Man war gegen die gottlose französische Republik und deshalb auch gegen die Revolution von 1918, die nach Kardinal Faulhaber "Meineid und Hochverrat" war. Dennoch fiel der katholischen Amtskirche und den Laien der Übergang zu der neuen Staatsform leichter als den Protestanten. Hitler, der von Hause aus katholisch war, hatte Respekt vor der Macht der Kirche, aber keine sonderliche Achtung vor dem ihm fremden Protestantismus. In der Zentrumspartei hatte der Katholizismus seine politische Form gefunden; dennoch gab es z. B. zwischen Faulhaber und Zentrumsaktivisten

141

wegen der Stellung zur Revolution von 1918 erhebliche Spannungen.

Ein besonderes Kapitel waren die Beziehungen der Bischöfe und Roms zum NS-Staat. Nach vielem Hin und Her wurde ein Konkordat, das in der weiteren Geschichte wenig Bedeutung hatte, abgeschlossen. Am 28. März forderte die Bischofskonferenz "Treue gegenüber der rechtmäßigen Obrigkeit". Das war eine Wende. Bald danach sagte Faulhaber: "Der Reichskanzler lebt ohne Zweifel im Glauben an Gott. Er erkennt das Christentum als Baumeister der abendländischen Kultur". Die Enzyklika "Mit brennender Sorge" übte Kritik an der Verfolgungspraxis des Dritten Reiches. Den mit kritischen Bemerkungen vorbrechenden Berliner Bischof von Preysing stoppte der überaus nazigefügige Kardinal Bertram, Bischof von Breslau.

1939 dachten weder die katholischen noch die protestantischen Kirchen bei den Kriegsvorbereitungen an ein Kriegsdienstverweigerung. 1940 versprach Kardinal Bertram "heiße Gebete für Volk, Heer und Vaterland" in "Treue zum jetzigen Staat und seiner regierenden Obrigkeit im Vollsinne des göttlichen Gebots".

1941 beginnt der sogenannte "Klostersturm", dem 120 Klöster zum Opfer fielen. Sie dienten als Ferienheime für Parteigenossen. 448 Priester kamen ins KZ, wo 110 von ihnen starben. 59 Geistliche werden hingerichtet oder ermordet.

Da bei den Christen die Juden als Gottesmörder galten, war ein besonderer Widerstand gegen die Judenfeindschaft des Dritten Reiches nicht zu erwarten. Die Deportationen haben die Kirchen nicht zu einem unüberhörbaren Protest veranlasst.

Als die Kroaten des faschistischen Pavelic-Regimes mit ihren Ustascha-Einheiten 200 000 Serben ermordeten, hat auch der

Papst geschwiegen. Nicht nur das Schweigen der deutschen Bischöfe, auch die Zurückhaltung Pius XII. in Bezug auf die kroatischen Kriegsverbrechen sind immer wieder Anlass von Auseinandersetzungen.

Ab 1942 ging das Dritte Reich seinem Ende, das viele nicht wahrhaben wollten, entgegen. Die Tageszeitungen waren täglich auf mehreren Seiten gefüllt mit Gefallenenanzeigen "Für Führer, Volk und Vaterland." hieß die Todeserklärung. Hitler beging Selbstmord. Er hatte ja schon lange vorher verkündet, entweder ziehe ich den Rock als Sieger aus, oder ich bin nicht mehr. Manche Obernazis und Verbrecher sind geflohen, tausende Soldaten gerieten in Gefangenschaft. Viele unserer Städte lagen in Schutt und Asche, und die ehemaligen Bewohner waren tot oder sonst wo.

So war 1945 Deutschland zerstört, und es ging bei Hunger und Kälte ums Überleben, was nicht jeder schaffte. Dann kam die Wende. Die Währungsreform und der Fleiß im Wiederaufbau haben in etwa einem Jahrzehnt unserem Land ein neues Gesicht gegeben.Die Auferstehung aus Ruinen war gelungen.

Nach den Jahren, da die Kirche bekämpft wurde, trat eine Zeit der Wiederbelebung ein. Die mit den Nazis sympathisierten, zeigten jetzt ein kirchenfreundliches Gesicht, als seien nur die Anderen schuldig gewesen. So war der Neuanfang äußerlich, man kann auch sagen scheinbar. Ein bewusstes Stehen zur Vergangenheit und eine gründliche Überlegung zu einem wirklichen Neuanfang hatten keine Chance. Das Bild der Kirche vor der Nazi-Zeit und dem Krieg wurde restauriert, d.h. alles blieb beim Alten.

In den sechziger Jahren, in denen das Zweite Vatikanische Konzil auf grundlegende Veränderungen hoffen ließ, fand nach Abschluss des Konzils eine Art "(Zu-)Rückbesinnung", besser Stagnation, statt. Dabei ist es bis heute geblieben.

Allerdings bestimmt der in den sechziger Jahren einsetzende Reformgedanke weiterhin das Klima in der Kirche. Fragen der Ehe, des Zölibats, die Stellung der Laien in der Kirche, Fragen zu Eucharistie und Abendmahl, zum Priestertum der Frau, zum Ökumenismus, zur Beziehung zum Islam, Fragen zur medizinischen Ethik und zum Weltethos bewegen die Bischöfe, Universitätstheologen wie auch Laien, wenn auch das Problembewusstsein und die jeweiligen Antworten verschieden sind.

Wenn es um das Leben als solches geht, ist nach wie vor die Religion gefragt. Die kirchlichen Bräuche wie Taufe, Eheschließung, Totenfeiern waren und sind für die Kirchen die Aufgabe oder Herausforderung schlechthin. Hier erwarten viele, ob kirchlich gebunden oder nicht, vom Prediger einen entscheidenden Hinwies auf die neuen Lebensaufgaben; lebensnahe Worte nach der Heirat oder Geburt und vor dem Sarg eine tröstende Lebensdeutung sind gefragt. Hier haben die Kirchen zum Sinn oder Gelingen des Lebens vom Glauben oder der Religion her Entscheidendes zu sagen. Ausgangs-und Schwerpunkt ist das Leben, das in seiner ganzen Gewichtigkeit ernst genommen werden will. Bei der Taufe geht es im Hinblick auf die unbekannte Zukunft um Optimismus. Bei der Trauerfeier soll der Lebensweg des Verstorbenen in guten wie bösen Tagen als Verwirklichung des Menschseins deutlich werden, wobei der Prediger für die Hinterbliebenen Worte finden soll, mit denen man besser leben kann als ohne diese.

Das Gelingen des Menschseins ist sowohl abhängig von der individuellen Konstitution wie auch von den Lebensumständen als Bedingungen oder von den vom Leben gestellten und zu meisternden Aufgaben. Das zeigt der Protestantismus in seinem Verhältnis zu den jeweiligen Zeitgegebenheiten in Neuzeit, Moderne und Nazizeit; hier vor allem negativ. Interessant ist das Verhältnis des Katholizismus zu all diesen Zeitbedingtheiten, zu denen man in Opposition stand.

Da das katholische Leben in Kirchen und vor allem in kirchlichen Vereinen weiterbestehen konnte, hat man das Überleben im Vergleich zum Protestantismus besser geschafft.

Das innerkatholische Leben war ab 1917 durch den "Codex Juris Canonici" und einer eindeutigen Machtverschiebung nach oben von Rom und den Kirchenleitungen bestimmt. Das Leben der Basis wurde davon wenig berührt.

In der Veränderungseuphorie der sechziger Jahre begegneten Theologe und Schriftsteller einer Kirche, die ihre alten Positionen verteidigte. Die Angst vor einer Reform, die man wie den Einsturz eines Kartenhauses befürchtete, bedeutet, dass ein Großteil ihrer Mitglieder für die weitere Entwicklung der abendländischen Religion zur Passivität verdammt ist. Man darf sagen, die Kirche läuft der Entwicklung hinterher. Wenn die innerkirchlichen Aufgaben nicht gelöst werden, dann sind die weltweiten Aufgaben der Religion für einen Großteil der Religion nicht im Blick. Es ist schlimm, wenn Gorbatschows Spruch zutrifft: "Man ist entweder Teil der Lösung oder Teil des Problems. Ich habe mich für ersteres entschieden". Er ist nach Klaus Bednarz "Der Politiker, der die Welt wie kein anderer nach dem Zweiten Weltkrieg in positiver Weise verändert hat, ...". Das soll den Oberen zu denken geben, damit ein anderer Spruch von Gorbatschow nicht wahr wird: "Wer zu spät kommt, den bestraft die Geschichte"-

Die NS-Zeit: Ein Negativ-Beispiel der Reformation

Der Beginn der Weimarer Zeit war mit radikalen Umbrüchen verbunden. Das Kaisertum wurde ersetzt durch eine Republik, d.h.das Parlament erhielt die politische Entscheidungsbefugnis. Der Summepiskopat (der Herrscher ist das Oberhaupt der Kirche) gehörte endgültig der Vergangenheit an. Was sich privat wie gesellschaftlich auswirkte, war eine tief verwurzelte national-religiöse Mentalität, die das protestantische Klima im Dritten Reich weithin bestimmte. Diese ist der erklärende Hintergrund mancher Ereignisse dieser Zeit, ob man das offiziell wahrhaben will oder nicht. Wohl gab es auch Kirchenvertreter wie einfache Gläubige, die auf diesen Hintergrund nicht passten und in ihrem Menschsein immer zu bewundern sind.

Für den Protestantismus waren die Jahre 1ß18/19 ein nur schwer zu verkraftender Einschnitt. Die "Wende"von 1933 wurde deshalb als "Fügung Gottes" gepriesen. Man träumte von einer "Reichskirche" mit einem Hitler vergleichbaren Reichsbischof. Die sich bereits im 19. Jahrhundert aufbauende Bewegung der "Deutschen Christen", die in der Weimarer Zeit und im Dritten Reich immer mehr Anhänger fand, trug zu der in der NS-Zeit verbreiteten Anti-Stimmung und Antihaltung bei; man war antiparlamentarisch, antiökumenisch, antipazifistisch, antisemitisch, antimarxistisch, antijüdisch, antislawisch. Damit war auch verbunden die Reinigung des deutschen Volkskörpers von minderwertigen Elementen.: Geisteskranke, Asoziale, Zigeuner; denn, so meinte man, seit dem Weltkrieg mit seinen Verlusten an Rassehochwertigen bestand die Gefahr, dass die Minderwertigen die rassisch Hochwertigen verdrängen. Die nach Hitlers Weltanschauung absolut nicht zum Deutschtum gehören, waren die Juden. Nach seiner Auffassung waren sie nur eine Rasse, aber keine Religion. Zudem seien sie auch die Ursache der Niederlage von 1918, der parlamentarischen Demokratie, des Marxismus und der Sowjetunion.

Da Hitler nicht einfach der Kanzler oder Präsident des Reiches war, sondern der charismatische Führer, konnte er seinen Willen, artfremde Elemente zu beseitigen, durchsetzen. Dazu halfen ihm SS, RSHA, Gestapo, SL. KZ-Mannschaften. So waren die Ausführungen verteilt und besser vor dem in der Öffentlichkeit bekannt Werden geschützt.

In einem Bild verdeutlicht kann man sagen, der Führer schwebte gleichsam über den Massen, was deutlich wurde an seinem 50. Geburtstag. Er sagte:" Ich habe das Chaos in Deutschland überwunden, die Ordnung wiederhergestellt... ich habe die tausendjährige Einheit des deutschen Lebensraumes wiederhergestellt...ohne Blut zu vergießen." Deshalb konnte er 1936 auf dem Reichsparteitag in Nürnberg verkünden: "Das ist das Wunder dieser Zeit, dass ihr mich gefunden habt... unter so vielen Millionen! Und dass ich euch gefunden habe, das ist Deutschlands Glück!"

Dass in dieser Zeit das altehrwürdige Weihnachtslied umgedichtet wurde, ist nur in dieser blinden, geistlosen Atmosphäre möglich gewesen. Es soll, um das Lebensverständnis damaliger Bürger verständlich zu machen, zitiert werden: "Stille Nacht, heilige Nacht / Alles schläft, einer wacht / Adolf Hitler für Deutschlands Geschick / Führt uns zur Größe, zum Ruhm und zum Glück / gib uns Deutschen die Macht."

Adolf Hitler führt uns zur Größe, zum Ruhm und zum Glück. Mir ist ein solches Vertrauen in einen Politiker wie auch in einen Menschen so fremd, dass ich für eine Erklärung überfordert bin. Das Glück begann mit einer eingebildeten Größe sowie einem Pöbelgeschrei und endete in einer Katastrophe.

Als Hitler 1933 an die Macht kam, fand er unter der protestantischen Bevölkerung samt ihren Pfarrern großen

Beifall. Die aktiven Pfarrer entstammten der Kriegsgeneration, waren also national-militaristisch ausgerichtet. Das Nationale, ergänzt vom Antisemitischen, entstammte der Tradition des 19. Jahrhunderts. Viele Protestanten sahen Hitler als Staatsmann, und die Wende von 1933 als "Geschenk und Wunder Gottes". Nur wenige Protestanten sagen von Anfang an nein zu Hitler. Der Bund Religiöser Sozialisten forderte, dem "Geist der Gewalt und Unbrüderlichkeit" entgegenzutreten. Die Regierungserklärung hat den Führer mit Christus als Friedensbringer in Verbindung gebracht. Nicht genehme protestantische Theologen hat man auf Grund des "Gesetzes zu Wiederherstellung des Berufsbeamtentums"aus der Universität entfernt. Deshalb hat der Theologe und Religionsphilosoph Paul Tillich seinen Lehrstuhl verloren.

Die protestantischen Kirchen haben sich den Verhältnissen in der Weise angepasst, dass die Kirchen Württemberg, Baden, Kurhessen-Waldeck, die bisher keinen Bischof hatten, entsprechend dem Führerprinzip Landesbischöfe einführten. Die Deutschen Christen hatten in vielen Landeskirchen, außer in Bayern, Württemberg und Hannover, großen Einfluss. 40 % der Pfarrer in Berlin hatten sich ihnen angeschlossen. Natürlich gab es auch Gegenbewegungen, so den "Luther Rat".

1936 veröffentlichte die "Bekennende Kirche" eine Denkschrift, in der die Herrschaftspraxis, die Gestapo und die KZ-Zustände kritisiert wurden. Die 1937 vorgesehenen kirchlichen Neuwahlen werden vom Staat verboten. Aber ein Jahr danach sollten alle Pfarrer einen Treueid auf Hitler leisten. Auf diese Forderung hat man nicht lange danach verzichtet. Überhaupt haben die Auseinandersetzungen zwischen den "Deutschen Christen und der "Bekennenden Kirche" wie auch den übrigen Kirchengemeinschaften abgenommen.

Was in der Vorkriegszeit eine bedeutende Rolle spielte, war der Rückgang der Bildung, das Ausbleiben einer Weiterentwicklung der Wissenschaft und Technik. Das ist zwar ein nicht gern gehörtes Geheimnis, aber dennoch eine nicht zu leugnende Tatsache. Deutschland war zu Beginn des Krieges am Ende. Der Endsieg sollte den Ausgleich bringen.

Für ein gelingendes Leben sind die Begleitumstände einer Zeit zu sehen. Sie sind nicht zu sehen wie der Anstrich einer Zeit, der beiläufig zum persönlichen Leben hinzukommt, aber auch ohne diesen zu verstehen ist, da er dem Leben nur einen überflüssigen Anstrich gibt. Ein kritisches Nachdenken dürfte zu dem Ergebnis kommen, dass ein individuelles Leben mit dem Sozialen eine Einheit und ein Ganzes bildet. Die NS-Zeit hat dem Leben vieler Menschen die Freiheit zur Selbstverwirklichung in Beruf und Kunst, die Offenheit des Gesprächs, die Möglichkeit eigener Lebensgestaltung genommen. Dazu kommt noch das äußerst brutale Vorgehen gegen irgendwie "geartete Andere". Hier ist keine Basis für ein gelingendes Leben gegeben, und eine Diskussion darüber sinnlos. Die NS-Zeit muss hinlänglich verdeutlicht werden, damit für das gelingende Leben als Hintergrund das allgemein Soziale mehr zur Geltung kommt als das Persönliche. Das zu bedenken, führt auch dazu, die Epochen vor und in der Moderne in ihrer jeweiligen Eigenheit zu begreifen.

8. Der Zweite Weltkrieg und die Kirche

Ideologisch war dieser Krieg, wie schon mehrfach erwähnt, bereits schon im 19. Jahrhundert, aber dann massiv im 20. Jahrhundert, vorbereitet. Marxismus und Judentum waren und blieben Hitlers Hauptgegner. Beide wollte er ein für allemal vernichten. Den materialistischen, atheistischen Marxismus glaubte man vor allem durch den Russlandfeldzug vernichten zu können. So auch die Begründung des Ostfeldzugs durch die Bischöfe und den Vatikan. Propagandistisch hat Hitler die Gewinnung von notwendigem Lebensraum im Osten dem Volk schmackhaft machen wollen; ein Beweis für die dem Konservatismus verhaftete Nazi-Dummheit.

Die Vernichtung der Juden hat eine jahrhundertelange Vorgeschichte. Eine im 19. und 20. Jahrhundert weit verbreitete Volksmeinung war, die Juden machten die Revolutionen, sie erfanden die republikanische Staatsform, sie schufen den Marxismus und waren die Initiatoren einer Weltverschwörung, an die Wilhelm II. noch im Exil in Holland glaubte. Der Antijudaismus und Antisemitismus sind die Vorgeschichte und der Hintergrund der schrecklichen Ereignisse im NS-Staat, die für heutige Neonazis bloß mit einem "Vogelschiss" in der Weltgeschichte zu vergleichen sind. Die gesamte Nazi-Zeit einschließlich der Judenverbrechen sind einzig in der Geschichte.

Hitlers Hass gegen den Kommunismus ist undifferenziert. Weshalb der Marxismus in seinen Augen gleichzeitig Kommunismus, Bolschewismus und Sozialdemokratie ist; alles dasselbe. Sie alle sind Zerstörer der Einheit des Volkes als Staat. Und nicht darf man vergessen: Dieser Bolschewismus, in dem alles Soziale wie auch Sozialistische enthalten ist, ist eine jüdische Erfindung, denn Marx war ursprünglich Jude.

Zwar hat Hitler im Sommer 1933 viele enttäuscht. Aber die Reichswehr, die Schwerindustrie, der Großgrundbesitz, die Beamtenschaft und die Justiz, auch die Kirchen standen zum neuen Staat. Die Bilder am Abend von Potsdam, Hitler steht am Fenster und winkt den vorbei marschierenden Kolonnen zu, offenbaren die Stimmung. Weimar war vergessen im Staat und in der Kirche.

Nach 1918 sprach Hitler häufig von Gott, dem Segen und dem Christentum. So in seinen Reden, die von den Bischöfen positiv aufgenommen wurden. Von mehreren deutschen Bischöfen ist die Einstellung zum Krieg bekannt, wenn auch weitverbreitetes Schweigen herrscht oder sogar öffentlich das absolute Gegenteil behauptet wird. Man sprach von der Errettung aus der Bedrohung durch den Kommunismus: und dafür müsse man Opfer bringen. Die Worte Kreuzzug, Pflichterfüllung, Schutz vor der Roten Flut waren ständig gehörte Begriffe. Auch der Münsteraner Bischof Graf Gahlen, der mutig gegen die Euthanasie gepredigt hat, sprach von einer Hoffnung auf den deutschen Sieg.

Für die beiden Kirchen war der Krieg legitim, ein bellum iustum (gerechter Krieg nach der katholischen Moraltheologie) zumal er auch gegen von den Kirchen gehassten Liberalismus, Individualismus und Kollektivismus war! Eine kirchliche Mentalität, die die politische Atmosphäre so sehr beherrschte, dass sie auch zur Glaubensüberzeugung wurde.

Um das Kuriose dieser Zeit herauszustellen, erinnere ich an eine Begebenheit meiner frühen Schulzeit. Ein Ritterkreuzträger unseres Gymnasiums hielt vor versammelter Schülerschaft in der Turnhalle eine Rede über die damaligen siegreichen Kriegsereignisse. Die Stimmung war eindeutig. Er war ein Beispiel eines damals gelungenen Lebens.

Kritische und kritisierbare Zwischenbemerkungen

Weder die Angriffe des Staates mittels der Parteiorgane auf die jüdische Bevölkerung noch die Vorbereitung und der Beginn des Kriegs haben die offiziellen Kirchen als Anlass gesehen, im Namen ihres Auftrags zu protestieren. Die "Reichskristallnacht" war beherrscht von einer Brutalität gegen Menschen und Sachen, die mich, als ich die Zerstörungen der Bombennächte im Krieg sah, an die der Kristallnacht erinnerten. Die Erinnerungen an diese Erlebnisse mögen verschieden sein. Ich jedenfalls habe diese vergleichende Erinnerung.

Am Anfang des Krieges gab es katholische und evangelische Kriegsdienstverweigerer, die ihre Haltung mit dem Leben bezahlen mussten. Dass die Kirchen für diese Männer eingetreten sind, ist mir nicht bekannt.

Beten für den siegreichen Ausgang des Krieges war üblich. Man glaubte noch an den Gott der Geschichte, nachdem man dessen Erkennbarkeit aus der Natur als uneinsichtig bewiesen annahm. Der Gott, der die Geschichte lenkt, ist immer derselbe, wenn er auch als ein anderer erscheint, so im Alten Testament, aber nicht in der Zeit zwischen 1933 und 45. Denn die Erklärung der Geschichtskatastrophe ist jetzt eine andere. Deshalb besteht zwischen 1033 und 1045 im Hinblick auf Gott keine Logik. Zu verschieden sind die von der Religion her gemachten Geschichtsdeutungen. 1933 hat Gott Hitler gesandt, so Otto Dibelius zu Beginn der NS-Zeit und nach der Katastrophe: "Alle Staaten der Welt sind dem großen Säkularisierungsprozess erlegen, der über das Abendland dahingegangen ist". Und weiter: "Die Führer mögen den Krieg gar nicht mit Bewusstsein wollen...sie werden hineingetrieben durch die Dämonie, die im Wesen des Staates selbst sitzt...Die Staatsmänner sind der Dämonie ...1914 nicht Herr geworden. Sie sind ihr in den Jahren, die zum Zweiten Weltkrieg geführt haben, auch nicht Herr geworden." Dann ist nicht Gott, von dessen uns begleitendem Beistand Dibelius 1933 so überzeugt in der Nikolai-Kirche gepredigt hat, die Macht der Geschichte, sondern der Dämon. Ist Gott ein Dämon geworden? Wie konnte er predigen und mit Paulus sagen, "Ist Gott für uns, wer kann wider uns sein.?" (Rö 3,31) und dann im sachlich selben Zusammenhang von Dämonie reden? Hans Ulrich Wehler, ein bedeutender Zeithistoriker, nannte Dibelius "eine der großen Unheilsfiguren des deutschen Protestantismus im 20. Jahrhundert". Das Judentum als moralischen Verfall zu sehen,den jüdischen Boykott für gut zu befinden, Leugnung der KZ-Brutalitäen, dem starken Staat gegenüber Gehorsam zu fordern, da er im Namen Gottes regiert, ist absolut unglaubwürdig und abzulehnen. Nach dem Krieg begegnet er der eigenen Vergangenheit, dem eigenen Versagen, nie selbstkritisch. Ganz anders die Stuttgarter Erklärung von Okt6ober 1945:"Mit großem Schmerz sagen wir, durch uns ist unendlich viel Leid über Länder und Völker gebracht worden. Was wir unseren Gemeinden oft bezeugt haben, das sprechen wir jetzt im Namen der ganzen Kirche aus. Wohl haben wir jahrelang im Namen Jesu Christi gegen den Geist gekämpft, der in dem nationalsozialistischen Gewaltregiment seinen furchtbaren Ausdruck gefunden hat; aber wir klagen uns an, dass wir nicht mutiger bekannt, nicht treuer gebetet, nicht fröhlicher geglaubt, nicht brennender geliebt haben".

Was man dem Stuttgarter Schuldbekenntnis vorwerfen kann, ist, kein Wort über das historisch einzigartige Verbrechen an den Juden. Aus dem dargelegten kirchlichen Antijudaismus wird das Schweigen verständlich.

Von der Religionsphilosophie her gesehen ist, was den Protestantismus wie überhaupt die biblische Religion und alle Formen des Monotheismus angeht, der Glaube an einen Gott der Geschichte belastend. Die Erklärungsnöte für das "Versagen Gottes" im Krieg beweisen das. Ein Gott der Geschichte soll ja schließlich neben den Höhepunkten auch die menschlich katastrophalen Ereignisse bis zur Gegenwart erklären. Ein Umdenken im Religionsverständnis ist angesagt. Ein Nach-Vorn-Denken, auf Gott hin, nicht in die Vergangenheit, um eine göttliche Ursache für das Heute und Damals zu finden. Dieser Hinweis auf das Glaubensverständnis hat nur scheinbar mit unserem Thema nichts zu tun. Er ist die Alternative zu einem Denken, das scheinbar gläubig alles Gott anlastet. Ohne es zu wollen, kann der Gottesglaube auch leicht zur Ideologie werden, der die gegensätzlichen Positionen deutet.

Fassen wir kurz zusammen. Für die Wissenschaft ist die Frage, ob Gott ist oder nicht, belanglos. Für die Geschichte als Geisteswissenschaft und das politische Denken ebenfalls. Niemand wird lehren, am Ende des 15. Jahrhunderts schickte Gott Luther, um zu reformieren., aber nach der Bibel greift Gott öfter ein. In in derselben Linie des Denken schreibt Paulus, es gibt keine Obrigkeit, also keine Staatsmacht, die nicht von Gott ist. Das steht im Gegensatz zu unserer Verfassung und unserem Staatsleben, nach dem alle Gewalt vom Volk ausgeht.Hier muss nicht der Staat, hier muss die Kirche umdenken und die Zeitbedingtheit ihrer Gottesvorstellung erkennen. Ein Umdenken, nicht ein Herumdeuteln, ist angesagt.

Religion, Kirche, Theologie und Religionsphilosophie können historisch angegangen werden. Der Ausgangspunkt ist auch dabei immer die Gegenwart, denn in ihr leben und denken wir. So ist, ob es um die Vergangenheit, die Zukunft oder sonst eine Gegebenheit geht, die die Wirklichkeit widerspiegelnde Begrifflichkeit der Gegenwart der Verstehenshorizont, von dem auszugehen ist. Unsere Gegenwart ist die Moderne, die gewisse Neuheiten, die neben tatsächlichen oder angeblichen Fortschritten auch Nöte, Schwierigkeiten und Probleme hervorbrachte. Die in einer Gesellschaft Einfluss haben, sich dessen bewusst sind und Autorität beanspruchen, haben die Pflicht, das Erscheinungsbild ihrer Gegenwart gründlich zu bedenken.

Wie die zu Beginn der Neuzeit entstehenden Wissenschaften das Denken über Gott, die Welt und den Menschen verändert haben, so auch später die Form des Zusammenlebens. Neben der "großen Masse", wie die Gesamtgesellschaft vielfach bezeichnet wird, entstehen auch Massen von Arbeitern, Gewerbetreibenden, Konsumenten, Bürger der mittleren Schicht, Jugendliche. Überhaupt wird die Gesellschaft, die in ihrer Größe erlebt wird, in den eben geschilderten Formen gern als Masse bezeichnet. Nebenbei sei bemerkt. In der Neuzeit ist das mathematische Zählen eine Grundlage für alle Gebiete, die quantifizierbar sind. Weshalb soll man Gesellschaften in ihrer Bedeutung nicht auch quantitativ sehen?

Das Zusammenleben der Menschen in der Moderne als Massenerscheinung zu sehen, ist demnach eine Ursache oder Folge des Denkens in Quantitäten, auf alle Fälle begleitet von Individualitätsverlust und das ist bedeutsam. Dann ist die Vermassung eine Umwandlung des Bewusstseins des Einzelnen in ein amorphes Bewusstsein, das den Massenmenschen kennzeichnet. Die Vermassung uniformiert das Denken, weil ein kritischer Geist sein Lebensrecht verliert. Wertneutral gesagt, das Gemeinschaftsbewusstsein wird so dominant, dass das individuelle Denken ausgeschaltet wird. Zwischen Selbstbewusst- und Gemeinschaftsbewusstsein waltet eine Dialektik, die gewiss nicht immer entsprechend gesehen wurde, so dass alleine das Selbstbewusstsein das Bewusstsein schlechthin war. Einen Ausgleich versuchte die Ethik mit ihren sozialen Forderungen zu schaffen.Im Sein, nicht im Denken, entsteht für uns so Gleichheit.

Im aufkommenden Massenbewusstsein wird am Ende die Masse bis zum Exzess dominant. Die Beweise liefern der Faschismus und Kommunismus mit ihrer alles übertönenden Propaganda. Man kann sich fragen, wie war diese "Volksaufklärung" nach mehr als einem Jahrhundert Bildungs-
Bestrebungen möglich? Die Antwort kann nur ein Versucht unter anderen sein. Da das Problem unser Thema des gelingenden Lebens berührt, ist das Folgende zu bedenken.

Le Bon, ein französicher Sozialphilosoph (1841-1931), sieht die Eigenschaften der Masse in ihrer Unfähigkeit zum logischen Denken, im Mangel an Urteil und kritischem Geist, im Überschwang der Gefühle und in einer niedrigen Entwicklungsstufe. Die einzelnen Momente sind sicher treffend und zu bedenken. Nur das Massenbewusstsein erfährt durch eine Doktrin oder wissenschaftliche Erkenntnisse keine Wandlung. Ich habe die Befürchtung, nur durch ein schlechtes Ende oder eine Katastrophe. Ein auf eine lange Entwicklung ausgelegter Prozess, wie ihn Deutschland nach 1945 in der Demokratisierung mit allen Voraussetzungen, Begleiterscheinungen und Konsequenzen durchgemacht hat, ist die bessere Lösung. Erinnern wir uns: Ein provisorisches Grundgesetz wurde nach Jahrzehnten am Ende eine Verfassung, die trotz mancher Mängel vorbildhaft ist. Unter ihr kann man frei und vernünftig, was unser Thema angeht, leben.

Meine Hypothese ist: Neben anderen gut begründeten historischen Fakten der beiden Weltkriege und des Nationalsozialismus im Besonderen ist die Erscheinung der Masse mit ihrem "Einheitsbrei" des Denkens ein Element, das diese Katastrophen der Geschichte verursacht hat. Masse ist kein eindeutiger Begriff. Einmal meint er eine vorübergehende Menschenansammlung, wie wir sie kennen vom Faschismus wie Kommunismus, zum andern als gesellschaftliche Gesamtheit, in der öffentlich-nationale, soziale, weltanschauliche und religiöse Überzeugungen ein gemeinsamer Besitz sind. Durch Propaganda, Manipulation, Gleichhaltung, Entpersönlichung war man bis auf geringe Ausnahmen den Massenmedien verfallen, weshalb beide Massebegriffe für das Denken bedeutsam sind.

Die hierarchische Struktur der katholischen Kirche verhindert die Vielfalt und damit das alternative Denken. Die reformatorische Tradition mit ihrer einlinigen Bibelauslegung wird dem Wort, das eigentlich im Dialog Sinn findet, nicht gerecht.

Die Einlinigkeit des gläubigen Denkens, das von der Kirchenleitung oder der Bibel "verordnet" wird, sieht die Wahrheit in der gemeinschaftlichen, uniformierten- Übereinstimmung, was ein Kennzeichen der Masse mit all den genannten Begleiterscheinungen ist. Dieser Glaube sagt, Gott hat die Welt, in der der Mensch lebt, erschaffen. Nach seinem Bild hat er den Menschen erschaffen. Mit Israel hat er einen Bund geschlossen. Er hat es aus Ägypten geführt, und dabei den ihn verfolgenden Pharao samt seinem Heer im Meer ertränkt. Er hat Israel nicht ohne Gewalt Kanaan gegeben. Er hat die Könige eingesetzt und die Propheten berufen, wie er auch Jesus gesandt und die Apostel eingesetzt hat. Dass Gott als Herr der Geschichte gilt, ist biblisch gut belegt.

Paulus schreibt im Römerbrief 1,20:"... Gottes unsichtbares Wesen, das ist seine ewige Kraft und Gottheit, wird seit der Schöpfung der Welt ersehen aus seien Werken, wenn man sie wahrnimmt...".

Der griechisch gebildete Paulus übernimmt hier das damalige Denken der intellektuellen Oberschicht, die in, hinter oder über der Natur (physis) Gott gesehen hat. Das neuzeitlich wissenschaftliche Denken verfährt nach dem Motto, wir forschen, wie wenn es Gott nicht gäbe (et si deus non daretur). So sind Natur und Gott absolut getrennt bis zur absoluten Verneinung Gottes. Zwar wird im Alltag Gott nicht mehr häufig als Wettermacher gesehen. Beweis: Es gibt in der Kirche keinen Wettersegen mehr. Aber dass er in die persönliche Lebensgeschichte und auch in das Schicksal ganzer Völker eingreifen kann und soll, beweisen die öffentlichen Gebete bei politischen Ereignissen wie Regierungsentscheidungen und Wahlen. Im Hinblick auf das zwanzigste Jahrhundert hat sich dieser Glaube als Illusion erwiesen.

Ein Glaube, in dem die Menschen Gott als Lebensziel, als Horizont, auf den hin und von dem her das Große wie das Alltägliche begriffen wird, vermag sowohl die auf den Nächsten ausgerichtete Predigt Jesu wie auch die Bergpredigt zu integrieren, was gewisse Kirchenleute im zwanzigsten Jahrhundert nicht konnten.

Bei der Überlegung zum Gelingen des Lebens stehen wir vor Grundsatzfragen, wie geht es weiter. Das zwanzigste Jahrhundert sagt ohne Übertreibung, nicht wie gehabt oder bisher, radikal umdenken. Das kann heißen: Unser Leben als zu gestaltende Geschichte auf Gott hin zu sehen und im Zeitalter der Masse alternativ, d.h.kritisch denken.

Ich habe den Eindruck, wenn es um das Gelingen des Lebens geht, dann werden wir irgendwie von der Vorstellung eines glücklichen Lebens bewegt. Gewiss ist das Gelingen unpersönlich, hat aber Bedingungen, die in keinster Weise unpersönlich, sondern im weitesten Sinne zeitentsprechend sind. Da nach meiner Sicht das Soziale wie auch Politische eine bedeutende Rolle spielen, sah ich mich veranlasst, die Antike, die Aufklärung und die Moderne breit zu bedenken. Die in diesen Epochen uns begegnenden Überlegungen dürften in keiner Weise nur der Vergangenheit angehören. Die Gerechtigkeit wie auch die Klugheit haben es nur mit neuen Aufgaben entsprechend den veränderten Verhältnissen zu tun. Dass die Moderne mit ihren sozialen Fragen - Pauperismus und Masseerscheinungen der NS-Zeit – anders anzugehen ist als frühere Zeiten, wird sich einem Nachdenken erst eröffnen.

9. Die Moderne und die Frage nach dem gelingenden Leben

Im Sinne der ausgedehnten Überlegungen kann es nicht um Anweisungen oder Ratschläge gehen, um ein gelingendes Leben "bewerkstelligen" zu können. Es geht in keiner Weise um Hilfsangebote. Das Gelingen des Lebens besteht in einer urpersönlichen Lebensgestaltung, deren Form höchstwahrscheinlich auch ein Geheimnis ist und bleibt, sonst gäbe es nicht immer wieder neue Lebensbeschreibungen. Die zahlreichen bedachten Lebensverständnisse zeigen Beispiele eines mehr oder weniger guten Gelingens. In unseren Überlegungen geht es um Eigenschaften, die das Mensch-Sein beinhalten. Das sind Bedingungen oder Voraussetzungen, ohne die sich die Eigenschaften nicht verwirklichen lassen.

Bevor wir mehr systematisch nach dem Gelingen fragen, war eine Besinnung auf die vergangenen Versuche, d. h. auf frühere Lebenseinstellungen, die nur nicht explizit unter dem Terminus Gelingen standen, angebracht. Die Antike, die wesentlich in der griechischen Philosophie ihr systematisches Denken gefunden hat, hat die überzeitlich geltenden Tugenden als Verhaltensweisen des individuell wie sozial zu gestaltenden Lebens, gefordert. Dabei wird der Mensch als solcher, wie er uns in jedem begegnet, bedacht. Die Aussagen über ihn sind zutreffend für jeden; dasselbe gilt für die Tugenden als Lebensweisungen, auch wenn sie zunächst verschieden erscheinen wie die zwischen der Stoa (Seneca) und der klassischen Philosophie.

Die biblischen Lebensweisungen sind nicht theoretisch; sie spiegeln das Leben, vor allem das Zusammenleben betreffend, geradezu direkt herausfordernd. In den sogenannten Zehn Geboten (2 Mose 20) wird jede Forderung eingeleitet mit "du sollst...". Und der Prophet Jesaja fordert."Schafft der Waisen Recht, führet der Witwen Sache (Jes. 1,17). Oder: "Brich dem Hungrigen dein Brot, und die im Elend ohne Obdach sind, führe ins Haus! Wenn du einen nackt siehst, so kleide ihn und entzieh dich nicht deinem Fleisch und Blut" (Jes. 7,3). Und Jeremia: "Bessert euer Leben und euer Tun,...(Jer. 7,3) und :" So spricht der Herr..., errettet den Bedrückten von des Frevlers Hand und bedrängt nicht die Fremdlinge, Waisen und Witwen und tut niemand Gewalt an (Jer. 22,3). Und weiter:" Weh dem, der seien Nächste umsonst arbeiten lässt und gibt ihm seinen Lohn nicht (Jer.22,13). Einen Gipfel haben wir in den Forderungen:" Du sollst deinen Nächsten lieben wie dich selbst! (3Mose 19,18), und "du sollst den Herrn, deinen Gott, liebhaben von ganzem Herzen, von ganzer Seele und mit all deiner Kraft"(5Mose,65). Zusammengefasst im NT (Lk 10,27), wo es um Gott und den Mitmenschen als den gefragten Hauptforderungen geht.

Die alttestamentliche und neutestamentlichen Ethiken werden in Mose 3,20 und den folgenden Kapiteln wie auch in den Bergpredigten des Matthäus und Lukas noch praktisch erläutert. Die späteren Zeiten machten daraus eine theologische Ethik für das praktische Leben. Dieses hat sich in der Moderne geändert.

Aus Veränderungen besteht die Geschichte. Aber was sich heutzutage verändert, ist fundamental. Zu Beginn der Neuzeit fragte Luther, wie bekomme ich einen gnädigen Gott? Man dachte auch schon lange nach, was Gnade in seinen verschiedenen Formen ist. Heute fragt man, gibt es überhaupt einen Gott? Machiavelli schrieb über die Macht der Fürsten-und Königtümer. Heute geht es um globale Fragen der Politik, der Ökonomie, um Milliarden von Finanzen und um Weltmächte mit ihren globalen Interessen. Der Mensch hat diese Lebensbedingungen geschaffen, und er ist auch in der Lage, mit diesen zurecht zu kommen.

Zunächst ist zu bedenken, dass er, so lange er schon lebt, ein tätiges Wesen besonderer Art ist. Es gab noch nie ein "Sich-zur-Ruhe Setzen"; ein Ausdruck aus dem Arbeitsrecht. Was der Mensch zum Leben braucht, muss er sich beschaffen und das Leben als Ganzes gestalten. Diese Selbstverständlichkeit gilt es besonders für den alternden Menschen zu betonen. Nicht wenige Menschen möchten wohl älter werden, sind aber im Reden und Tun nur mit ihren Krankheiten beschäftigt, wodurch alles noch schlimmer wird, als es sowieso schon ist. Sich mit etwas anderem beschäftigen, würde ihnen mehr Kraft und Zuversicht geben als ihr Jammern über ihren Zustand. Aktiv sein, das lenkt auch ab von den nicht zu leugnenden Beschwerden. Der Erfolg lässt uns Unangenehmes vergessen, macht vielleicht sogar ein wenig froh und läßt uns die Tage auch noch als sinnvoll erfahren.

Wir wollen allerdings nicht alles rosarot malen. Ein Problem haben die Menschen, die weder die Fähigkeit noch Kraft zu einer Aktivität besitzen. Ihnen kann von ihrer menschlichen Umgebung nur noch in einem bescheidenen Rahmen mit viel Phantasie zu etwas geholfen werden, was kaum noch als Aktivität bezeichnet werden kann. Wenn auch noch so bescheiden, wo hier ein Wille ist, da gibt es auch einen Weg, und wenn es nur ein Pfad ist.

Wenn Fuchsberger seinem Buch den Titel gegeben hat "Altwerden ist nichts für Feiglinge "und das auch so meint, dann will ich ihm nicht widersprechen. Nur, was macht man dann, wenn man kein Feigling werden will? Jeder muss für sich herausfinden, wodurch und womit er sein Leben aktiv gestalten kann, denn nur durch Aktivität und nicht durch die wohlverdiente Ruhe gewinnt das Leben "Mehrwert", d.h Bedeutung für einen selbst

Der Arbeit, gleichgültig in welcher Form, kann etwas Sinnvolles abgewonnen werden, sei es für die Familie und die Zukunft der Kinder, oder für die Allgemeinheit.

Zu Beginn der letzten Überlegungen hätte man meinen können, es gehe beim Menschen nur um seine Aktivität, wobei das, was er tut, gleichgültig ist. Diese Gleichgültigkeit darf man ruhig annehmen, denn dann wird vielleicht das Folgende um so deutlicher. Der Mensch sucht spontan das ihm Angemessene, das ihm Zusagende. Da es uns um die Voraussetzungen des Gelingens geht, sind wir hier an einen Punkt gekommen, der die Voraussetzung verdeutlicht. Die gemeinte Voraussetzung ist nicht zu schaffen, sie ist naturgegeben, und zwar so, dass sie uns spontan nicht bewusst wird, wir handeln einfach danach. Das Bewusstsein ergibt sich in der Reflexion, in der die begrifflichen Zusammenhänge das Erleben verdeutlichen.

Die im Kapitel "Erinnerung - ein unbedachtes Erlebnis" erläuterte Erinnerung wird hier ergänzt, indem der Vollzug in seinem Zustandekommen durchdacht wird. Dieses Zustandekommen hat keinen Abschluss wie sonst alles, was beginnt, auch ein Ende hat. Der Vollzug ist und bleibt ein Geschehen, das als immer sich vollziehendes "Zielgeschehen"einen Sinn hat. So wird dieser nicht gefunden wie ein Gegenstand. Er ist und bleibt ein Geschehen des Lebens. Dieses Sinn-Erleben, kann sich nur im Menschen seelisch vollziehen. Es ist der Weg des Gelingens.

Eine Frage, die sich jetzt stellt, ist, konnten die Menschenmassen der Moderne mit ihrem politischen und auch religiösen Massedenken ein ursprüngliches Erleben haben? Gewiss konnten sie erleben, denn ein der Masse aufoktroyiertes Glaubensbewusstsein, eine aufgezwungene Einstellung ist auch ein Erleben, wie man es bei der politischen Propaganda sehen konnte. Nur, was war das für ein Erleben? Alles Erzwungene ist nicht spontan, ursprünglich, echt.

Das Ziel, um das es in der Masse geht, ist ein ständiges Erreichen, in dem man lebt. Eine eingeredete Überzeugung, die dauernd lautstark verkündet werden muss, hat keine seelische Tiefe. Neben der Echtheit und Tiefe fehlt ihr das Immerwährend-Gleichbleibende, das Ruhe und seelischen Frieden schafft, wozu das Massedenken nicht fähig war.

Das Aktiv-Sein ist ausgefüllt, aber kein Aktivismus, wozu der Mensch in der Moderne neigt. Ein Aufgehen im Tätigsein ist nicht gemeint, denn die Tätigkeit ist kein übliches Ziel. Sie ist und bleibt ein Mittel. Diese das Leben aufwertende Aktivität verursacht Genugtuung, bereitet Freude und lässt Sinn erfahren. Bei allem gelassen sein und bleiben, scheint, als würde man im Tun nichts tun. Oder wie Nietzsche sagt:"Mit einer stolzen Gelassenheit lebe... Und Herr seiner vier Tugenden bleiben, des Mutes, der Einsicht, des Mitgefühls, der Einsamkeit".

Dazu sage ich alltäglich, bildlich, über den Dingen stehen, gerade wenn es um das Mitgefühl geht. Denn mit den Weinenden weint man nicht, man tröstet sie, und das kann man nur, wenn man etwas Abstand wahrt und sich in den zu Tröstenden hineindenkt. So kann man dem Hilfsbedürftigen gerade das geben, was er jetzt braucht, und wozu er nicht fähig ist.

Im Abstand hat auch die Gelassenheit eine Basis. Mit Gleichgültigkeit hat sie nichts zu tun. Das Gegenteil ist der Fall. Die Gelassenheit als das Darüberstehen kann zur Ausgewogenheit führen. Dann ist das Leben im Gleichgewicht. Was dieses Wort für die Natur bedeutet, gilt auch für das menschliche Leben.

Wenn wir die Worte menschliches Leben gebrauchen, denken wir zunächst an unser persönliches Leben. Warum auch nicht? Mit der Geburt beginnt unser Leben und endet im Tod; und es ist immer ein ganz bestimmtes, individuelles, persönliches, wie die Register es auf den Ämtern zeigen. Aber das eigentliche Leben zwischen Geburt und Tod hat mit Statistik nichts zu tun, es ist kommunikativ. Menschen sind aufeinander angewiesen, sonst könnten sie überhaupt nicht leben; was in einem engen und weiten Sinn zu verstehen ist. Geburt und Kindheit Geschehen in egner Familie. Wie es weitergeht, bleibt der Phantasie des Lesers überlassen. Das Ich hat keinen Sinn ohne das Du. Leben ist ein Gemeinschaftsvollzug. Das kann man über das Private hinaus gesellschaftlich, national, international und auch global sehen, wozu konservativ beschränkte Staatschefs bisweilen nicht in der Lage sind. Sprachlich selbstverständlich begreifen wir immer die eigene Identität im Gegenüber der anderen. Wir können darüber streiten, ob uns das jeweils bewusst ist. Durch das neuzeitliche Individualbewusstsein bedingt sehen wir unser Leben meist, und gerade, wenn es um den Lebensvollzug geht, individuell statt kommunikativ, transpersonal und sozial. Man kann fragen, ob die Alte Welt den Menschen mehr als Sozialwesen begriffen hat denn die Neuzeit. Die Tugendlehre mag als Hinweis in die Fragerichtung dienen. Für die Neuzeit und Moderne kann zum Vergleich an Kant, den Idealismus oder Nietzsche gedacht werden. Lebensfragen wie auch die nach dem Gelingen des Lebens stellen sich in der Moderne individuell und weniger global.

Das Leben als sozialen Vollzug zu begreifen, ist vielleicht die eigentliche, weil wichtigste Voraussetzung, die zum Gelingen des Lebens führen kann. Dann hätte sachgemäß der kommunikative Lebensbegriff an erster Stelle bedacht werden müssen. Meine Denkweise ist hier vom Alltäglichen her bestimmt, und so zeigt sich das menschliche Leben zunächst in gewisser Oberflächlichkeit. Erst danach habe ich das Leben sozial gesehen.

Wo es um das Soziale einer Gesellschaft geht, darf man in unserem zu erörternden Zusammenhang fragen, wie hat die Alte Welt im Vergleich zur Moderne das Soziale gesehen? Die Alte Welt, ob griechisch oder biblisch, hat das Soziale personal ("du sollst"... deinem Nächsten ...) begriffen, die Moderne betont mehr, neuzeitlich formuliert, das Staatliche (griechisch die Polis, biblisch israelitische Stämme oder deren Zusammenfassungen wie Jerusalem und das Nordreich), wenn von sozialer Gerechtigkeit die Rede ist. Die Alte Welt sah den Einzelnen in der Pflicht, in der Moderne sind die Aufgaben der Verteilung von Gütern etc. bis zur Bildung staatlich zu regeln.

Es geht um die Voraussetzungen gelingenden Lebens. Diese sind einmal natürlich gegeben und dann zivilisatorisch, d.h. durch Wissenschaft und Technik bedingt gegeben. Zu den natürlichen Voraussetzungen gehören Gleichheit und Freiheit. Zwar müssen beide bedacht werden, aber an ihrer grundsätzlichen Gegebenheit rütteln nur Diktatoren. Alles Andere unterliegt mehr oder weniger historischen Veränderungen.

Hier ist vielleicht zunächst an das zuvor beschriebene Soziale zu denken. Auch die Lebensbedingungen und Möglichkeiten haben sich verändert. An so manchen Krankheiten leidend muss man nicht mehr sterben. Wohl hatte es die Natur früher so eingerichtet, dass eine Übervölkerung kaum möglich war. Der Preis war ein kürzere Lebenserwartung.

Neben dem Anwachsen der Bevölkerungszahl ist das Wie man seine Tage verbringt, vielfältiger geworden. Die Lebensformen sind lokal unabhängiger, sozial vielfältiger, individuell eigenwilliger geworden. Diese urpersönlichen Entscheidungen, das Leben außergewöhnlich zu verbringen, weil die von anderen geschaffenen Umstände die urpersönliche Gestaltung ermöglichen, betreffen die äußeren Lebensbedingungen.

Wie ist es, wenn es um grundsätzliche Lebensüberzeugungen, Weltanschauungen und Religionen geht?

Eine grundsätzliche Lebenssicht hat immer einen bestimmten Ort wie eine bestimmte Zeit in der Geschichte, woher sie zu verstehen ist und auch verstanden wird. Weltanschauungen und Religionen werden gelebt, und dieses Leben wird in irgendeiner Form von anderen mitgetragen, mitgelebt und mitgeprägt. Das möchte ich auf die Formel bringen: Wir leben biologisch in einem Klima, kulturell in einer Atmosphäre. Eine gottgläubige Religionsüberzeugung wie auch eine glaubensneutrale, aber dennoch positive Weltsicht wirken sich auf das Gesamtleben der Gesellschaft aus. Ob ein Atheismus in Reinkultur mit allen das Leben prägenden Konsequenzen möglich ist, vermag ich nicht zu beantworten. Er wird mitgetragen von dem, was er ablehnt, aber von anderen ins Zusammenleben eingebracht wird.

Eine Grundvoraussetzung des Lebens, die in der Alten Welt selbstverständlich, im weiten Sinne natürlich gegeben war, ist, was der Begriff Ökologie beinhaltet. Die klimatischen Bedingungen der Ernährung, die Wohnverhältnisse, die Beziehungen und Arbeitsverhältnisse, die auf den Verkehr angewiesen sind, die Energiegewinnung, die alle Bereiche unseres Lebens erst ermöglicht, sind hier zu nennen. Sie bestimmten weitgehend das Leben früher, was auch für heute gilt, und werden es auch in der Zukunft tun, wie weiß niemand. Nur Blindheit, die als Lebenseinstellung Dummheit ist, kann so tun, als sei das keine Sorge. Die Sorge für ein gelingendes Leben hat nach diesen zu schaffenden Voraussetzungen zu fragen. Die Vergangenheit kann uns nur sagen, was wir vermeiden sollen. Aber sie ist unwiederbringlich vorbei. Das müssen alle Konservativen zur Kenntnis nehmen. Das Leben weist in seinem Vollzug in die Zukunft; dem ist absolut Rechnung zu tragen; in diesem Fall und nur hier gibt es wirklich keine Alternative. Unsere Aufgabe ist, deren Lebensbedingungen zu bedenken.

Als Erstes soll auf die Anerkennung der Gleichheit aller Menschen als Basis des Zusammenlebens hingewiesen werden. Sie ist schon seit unvordenklichen Zeiten in ihren unterschiedlichen Formen ein Kennzeichen jeder Gesellschaft, allerdings nicht selten auch ein Problem. Gesellschaftlich und politisch Führende haben sich schon immer als besondere Menschen begriffen. Ihr gesellschaftlich besonderer Status wurde menschlich-biologisch begriffen und vererbt, an Fürstensöhne und Königskinder. Diese Besonderheit wurde sogar religiös gedeutet, d.h. als gottgewollt verkündet und geglaubt. Negative Spuren dieses Glaubens sind bis ins 20. Jahrhundert auffindbar.

Zunächst sind alle Menschen gleich, sie unterscheiden sich in ihren Funktionen, d.h. Aufgaben für die Gesellschaft. Der "Erbadel" hatte die Führungsrolle, die auf die Republik überging. Heute gibt es für die verschiedensten Aufgaben Führungskräfte, die ihre Führung selbstverständlich nicht vererben. Sie werden demokratisch gewählt oder setzen sich durch ihre Kompetenz durch. Nur der Präsident unserer Republik hat außer der Vererbbarkeit eine adelsähnliche Stellung. Der Ehrensold kann hier genannt werden.

Jede Gesellschaft und jedes politische System der Gegenwart wie Zukunft muss als Voraussetzung seiner Lebensfähigkeit die Gleichheit aller Bürger als Verfassungsaufgabe begreifen. Es gibt vielfältige Aufgaben, die nur durch eine breite Bildungsschicht und viele Fachleute, aber auch gebildete Berufswechsler zu meistern sind. Erfahrungsgemäß zeichnen sich solche Gesellschaften durch Gleichheit in den

Verfassungen und in der Lebensauffassung aus. Weniger Anweisungen als vielmehr Voraussetzung fürs Leben sind zu bedenken.

Die grundlegenden Voraussetzungen eines gelingenden Lebens, was sowohl Vergangenheit wie Gegenwart und auch Zukunft angeht, ist die Offenheit. Ihre Basis sind der Verstand/Intellekt und Wille des Menschen. Beide zusammen bilden unser Bewusstsein. Dieses eröffnet einen "Erkenntnisraum" der Fakten wie auch aller denkbaren Möglichkeiten.

Unter Freiheit des Willens wird ein Handeln aus eigener Entscheidung oder aus Fremdbestimmtheit verstanden. Auf den Begriff gebracht heißen diese Positionen Indeterminismus oder Determinismus, wobei im Determinismus die geleugnete Freiheit verlagert ist.

Bei der Überlegung, wie menschliches Leben gelingen kann, soll neben der Erkenntnisfähigkeit des Intellekts zunächst die Willensfreiheit als Befreiung "wovon" und dann als Befreiung "wofür" bedacht werden.Beide Blickrichtungen der Freiheit sind geschichtlich meist zusammen anzutreffen, aber das persönliche Erlebnis der Freiheit ist mehr einseitig, besonders wenn ein Ereignis als Befreiung erlebt wird.

Die Freiheit gilt ganz allgemein als Voraussetzung und Kennzeichen der Moderne. Soweit wir wissen, war sie schon immer auch ein Problem. Aber das Aufkommen von Wissenschaft und Technik sowie die Entstehung des modernen Staates und großräumiger gesellschaftlicher Gegebenheiten machen ein neues Bedenken sozialer Fragen notwendig.

Die Freiheit als Befreiung von Vergehendem und die Freiheit für Entstehendes zu sehen dürfte aus der Erfahrung der Geschichtlichkeit menschlichen Daseins herrühren, da sie diese kennzeichnet. Zwar gibt es auch in der Natur

Entwicklungsprozesse des Vergehens und Entstehens, man denke an die nord- südlichen Kontinentalverschiebungen und die Entstehung der Alpen, die Vulkanausbrüche und Klimaveränderungen; letztere sind höchstwahrscheinlich nicht total vom Menschen verursacht. Die Gestaltung unseres Globus mit seinem Formenreichtum ist das Produkt von Veränderungen.

Geschichtliche Prozesse verlaufen gewöhnlich so, dass das Neue das Alte verdrängt. Wo es um Gebrauchsgüter geht, müsste man sachgerechter sagen, das Alte ist unbrauchbar geworden und wird ersetzt. Auch der Geschichte von zwei Jahrhunderten Medizin ist anders nicht gerecht zu werden. Aus Dankbarkeit sei der Hinweis hier gestattet.

Am Ausgang der Antike, die man als Übergang zum Mittelalter zeitlich weit ausgreifend sehen muss, standen die Völker vor der Aufgabe, ein neuen Zusammenlebens zu begründen. Es entstanden neue Religionsformen der verschiedensten Art, denkerisch-kulturell, religiös und politisch. Aus diesem brodelnden Kessel entstand das Mittelalter als Schmelztiegel. Auch diese Zeit kannte sich ablösende Epochen.

Ein am Individuum orientiertes Denken, das die Lebens-und Gesamtwirklichkeit in seiner singulären Form zu begreifen sucht und den Menschen als Mittelpunkt des Lebens sieht, wobei seine schöpferische Freiheit literarisch hervorgehoben wird, löste die des Mittelalters allmählich ab, wobei neue Perspektiven auf Zukunft hin eröffnet wurden. So werden Erkenntnisse von Geschichtsprozessen ermöglicht. Erkenntnisinteresse mit Blick auf die Vergangenheit und mit Blick auf die Zukunft beinhalten menschliches Selbstverständnis. Letztendlich kennzeichnen sie menschliches Dasein.

Durch den erkennenden Verstand vermag der Mensch die Naturzusammenhänge der überkommenen Vergangenheit und damit auch der Gegenwart zu erkennen. Es lässt sich auch die Zukunft, wenn auch vage, in gewissen Umrissen verstehend erahnen, um nötige Vorsorge zu ermöglichen. Was hier über die Naturgegebenheiten gesagt wird, kann auch mit gewissen Ausnahmen für die vom Menschen gestaltete Geschichte gelten.

Das gesellschaftliche und politische Leben erfordern Wagemut, eine Willensanstrengung, zu der nur der Mensch fähig ist. Der Wille als solcher, der gewöhnlich personal verstanden wird, ist kein Problem, nur der Wille vieler, der in demokratischer Weise Gestalt gewinnt. Allerdings gilt im Hinblick auf die Demokratie die Problematik der Willensfreiheit auch für die Verstandeserkenntnis. Die Zeiten von Weimar und das Dritte Reich wie auch die Lage in verschiedenen Ländern der Gegenwart wollen über das Tagesgeschehen hinaus in Bezug auf politische Reife bedacht werden.

Die Schlussfolgerung aus dieser Erkenntnis heißt, Bildung in der Breite der Gesellschaft exerzieren. Eine Aufgabe der verschiedenen Stufen der schulischen wie universitären und Erwachsenenbildung bis zur Parteiarbeit, die sich bisweilen demokratieverschlafen zeigt.

Der Rekurs auf die Voraussetzungen vor allem kollektiven Lebens hat scheinbar ein mageres Ergebnis, da er nur auf die altbekannten Fähigkeiten verweist. Werden diese aber in individuellen, gesellschaftlichen und politischen Zusammenhängen bedacht, dann kann ihr Bewusstwerden zu einem gesunden menschlichen Leben führen.

Dieses gemeinschaftliche Bewusstsein kann man Kultur nennen. Ich sehe die Kultur als die Seele des Ganzen, weil sie die Gesellschaft als dynamisch.lebendige Einheit begreift. Sprachen, soziale Beziehungen, Lebensstile und Ziele haben eine breite, gemeinsame Basis. Es entstehen Kulturräume, die sich abgrenzen wie überschneiden. Kommt es zum

Dialog der Kulturen, dann wird das Leben nicht nur interessanter, auch friedlicher. Die miteinander reden und Interesse an einem weiteren Gespräch haben, meiden alle Gewalt.

Zu einer Kultur gehören auch die im Alltag diskutierten Probleme, die Wertfragen beinhalten. In der alten, gewachsenen Welt hat sich eine von 'Wissenschaft und Individualismus geschaffene, neue Welt gebildet. Sie hat zu neuen Fragen und Problemen geführt, die nicht nur ungewohnt sind, sondern das Leben grundsätzlich angehen. Ab welchem Zeitpunkt ist der Beginn und das Ende des Lebens anzusetzen? Was beinhaltet der Respekt vor einer Person? Sind menschliche Embryonen Forschungsobjekte wie andere Zellen? Die Verhaltensnormen schützen, was wir begründet Werte nennen. Sind sie begründet, dann sind sie zu beachten und nicht einer Willkür preiszugeben. Ohne die einsichtige Begründung und Bereitschaft der Anerkennung bleiben die Würde, die Freiheit und die Gleichheit leer.

Was Neuzeit und Moderne besonders charakterisiert ist die Freiheit, zu der wie ihre Rückseite das Denken gehört. In dieser Weise begreift sich der selbstbewusste, freie Bürger als Herr seiner selbst. Er steht hier in der Tradition der Aufklärung, ohne sich dessen bewusst zu sein. Diese Freiheit ist nicht absolut, genau so wenig wie das Erkennen. Die Grenzen der Freiheit sind zunächst die der Mitmenschen wie auch die der eigenen Fähigkeiten. Die Welt des gewöhnlichen Erkennens ist zwischen Makro- (Weltraum) und Mikrokosmos (Zellenbereich) die des Mesokosmos. Mesokosmos ist unsere Lebenswelt, in der unsere Lebensgewohnheiten und unsere Sprache heimisch sind. Das entspricht kurz gesagt der Erkenntnistheorie. Der alltäglichen Erfahrung entsprechend, die unsere Welt auch jetzt mit enttäuschenden Erfahrungen ist, sagte Albert Schweitzer in elsässischer, witziger Weise: "Was an dere

Schöpfung am beschte gelunge isch, das isch die Dummheit von dene Mensche".

Wenn es um in ihren Ursachen klar erkenn- und beseitigbare Missstände, gleich auf welchem Gebiet, geht, stellt sich für mich die Frage, ist es begrenze Einsicht oder mangelnder Wille, jetzt das Richtige, das zu tun wäre, nicht zu tun? Albert Schweitzer macht aus einer belastenden Erfahrung eine Ironie. Wir müssen im weiteren Verlauf das Problem bedenken. Zunächst weiter zur Freiheit des Willens heute.

Der Staat schränkt in nicht geringem Maß unsere Freiheit ein, wie er sie auch in vielleicht noch weit größerem Maß für Möglichkeiten öffnet. Denken wir, etwas willkürlich ausgewählt, an die freilich immer reformbedürftige Arbeitsgesetzgebung, an die Infrastrukturen sowie an die Bildung. Weil letztere unabdingbar wichtig ist, hat der Staat diese als seine Aufgabe rechtlich institutionalisiert. Auch für die umfangreichen Bereiche des Sozialen ist der Staat wie eine "Aufsichtsbehörde" neben den Sozialverbänden zuständig.

In einer Analyse der Ursachen, die die Entwicklung des Ganzen in Gesellschaft und Politik geschaffen haben, können wir versuchen entscheidende Ursachen zu finden. M.a.W. wir können versuchen, eine oder die entscheidende "Letztbegründung" zu finden. Luther, Marx, die Aufklärung haben auf ihre Weise Ähnliches versucht.

Journalisten, Politologen, Historiker und Philosophen versuchen das Entscheidende politischen Handelns auf ihren Interessengebieten zu finden. Die unausgesprochenen Ziele gegenwärtiger Politiker werden auf Macht zurückgeführt. Beweis: Das Verhältnis Putin-Trump. Historiker und Zeitzeugen sehen das Nationale als politische Leitlinie. Vgl. Das antieuropäische und antiglobale Denken. Von der Philosophie aus kann man das Ganze als Kulturkrise mit allem Hin und Her der

Entwicklung betrachten. Die Philosophie kommt nur zu Aussagen, wenn sie Ganzheiten in Beziehungen und Zusammenhängen begreift.

Weil der Mensch Verstand und Willen hat, haben wir diese Welt, die gewiss besser sein könnte,

geschaffen. Die für unsere heutige Kultur entscheidende Epoche ist die Aufklärung, deren Leitideen Vernunft und Freiheit waren. Vernunft, die das für die Zukunft Entscheidende erkenntnismäßig erarbeitet und ein konsequenter Wille, das hilfreich Erkannte umzusetzen, bleiben eine nicht

auswechselbare Voraussetzung. Die Vernunft ist primär ausgerichtet auf die Wahrheit wie der Wille auf das Gute. Da beide Offenheit kennzeichnet, ist ihr Gegenteiliges immer möglich. Darum gilt es, eine Kultur zu schaffen, in der Albert Schweitzers Intelligenzbemerkung nicht mehr so leicht möglich ist.

Das Erbe, über das wir noch immer verfügen, ist gut. Was die Moderne im 20. Jahrhundert damit gemacht hat, ist katastrophal. Ein auf Einsicht gerichteter Intellekt und ein Wille, am humanen Zusammenleben orientiert, müssen das Zusammenleben durchherrschen. Das sind keine leeren Voraussetzungen für Gegenwart und Zukunft. Gewalt mit Gegengewalt zu begegnen war immer ein Irrweg, wie ein Fahren vor die Wand. Dem Intellekt geht es um die Erkenntnis der Wahrheit, dem Willen parallel dazu um die Verwirklichung des als gut Erkannten. So geschieht ein Zusammen-Leben, wozu uns Goethe im Faust auffordert, wenn er sagt:"was du ererbt von deinen Vätern hast, erwirb es, um es zu besitzen".

10. Gottlos glücklich – gläubig unglücklich?

Man kann sich fragen: wird die Welt nun säkular? Gewiss überragen herrliche Kathedralen und Pfarrkirchen noch weithin sichtbar viele Städte, und das Interesse an deren Besichtigung ist zum interesselosen Leidwesen der mitgeschleppten Ferienkinder besonders für die wissbegierigen Väter beachtlich. Die Jüngeren denken anders. Sie erleben, wie der Religionsunterricht an den Rand gedrängt wird oder durch Ethik ersetzt. Die theologischen Fakultäten nahmen vor Zeiten an den Universitäten über Jahrhunderte den ersten Platz ein, heute gehören sie zu den Schlusslichtern. Der Kirchgang ist auf einer Schwundstufe, weshalb man Großpfarreien schafft. Denn jetzt schon und in Zukunft wird es an entsprechenden Pfarrern fehlen. Und an einem Ordensleben hat man in der katholischen Kirche kaum noch Interesse.

Die genannten Erscheinungen sind Ausdruck des Lebens der Kirche in Vergangenheit, Gegenwart und wahrscheinlich in absehbarer Zukunft. An religiöse Essensvorschriften, Fronleichnams- und Marienwallfahrten, Sexualmoral, Zölibat, kein Priestertum für Frauen, keine Tanzvergnügungen oder Ähnliches in Advents- und Fastenzeit ist hier zu denken. Für alles, was die Religion als lebensfremd und freudlos erscheinen lässt, hat der heutige Normalbürger kein Verständnis. Das Mittelalter hat das Leben, wie es die Dichtung dieser Zeit darstellt, "als Tal der Tränen" gesehen. Die amerikanische Verfassung dürfte hier das neuzeitliche Lebensgefühl treffen, wenn sie von einem Recht auf Glück – happiness – spricht.

Da die Kirchen bei uns gedankenlos ohne weiteres mit Religion identifiziert werden, überträgt sich die negative Einschätzung der Kirchen wegen ihrer "Unausgelüftetheit" auf die Religion überhaupt. Nicht zu vergessen ist auch die

Tatsache, dass es nicht wenige - nicht militante Atheisten, religiös bestimmte und gottgläubige - Menschen "im stillen Kämmerlein" gibt, die ohne in einer Statistik zu erscheinen, einen Teil der Religion ausmachen. Da das Leben nur noch am Rande von Kirchlichkeiten gestaltet wird, dürfte dieser Teil der Religion beachtlich sein. Schließlich haben viele Menschen eine Lebensüberzeugung und Einstellung, die nicht anders verstanden werden kann als das, was Religion beinhaltet. Auch ein Gottesglaube, der den Hintergrund des Lebens bildet, ist da anzutreffen. Wird Religion fast ausschließlich am Bezug zur Kirche erkennbar gemacht, dann wird bei aller ausgewiesenen Nähe zu einer etablierten Glaubensgemeinschaft die Betrachtung eng und einseitig. Die Lage der Religion ist kompliziert. Es gibt friedliche Kirchenferne, die durchaus gläubig sind, dann gläubige Kirchengegner, die mit den Geboten oder Vorschriften und Glaubensdeutungen nicht einverstanden sind und wie Gegner rebellieren; dann gibt es auch Kirchenkritiker, die trotz aller Gegensätzlichkeiten ihre Kirche bejahen; ihr gehören Laien wie Priester an. Nicht zu vergessen sind irgendwie überzeugte atheistische Gegner, die wie eine Grenze das Bild abrunden.

Die Frage, wer hier gottlos glücklich oder gläubig unglücklich ist, ist wohl kaum zu beantworten, außer man weiß schon zuvor die Antwort.

Schwierigkeiten in der Auseinandersetzung mit der Kirche bereiten vor allem Fragen der Moral. Der Beginn wie das Ende des Lebens werden wie in früheren Zeiten nicht einfach hingenommen. Dank der modernen Medizin und besonders der Embryonenforschung etc. lebt manches Kind, das keine oder vielleicht nur ganz schlechte Lebenschancen gehabt hätte, und mancher betagte Mensch wäre in früheren Tagen längst gestorben; aber medizinische Eingriffe und pharmazeutische Mittel ermöglichen noch einige zufriedene

Jahre. Hier ist nicht der Ort, um über das Für und Wider von Möglichkeiten in Problemsituationen zu diskutieren. Da das Neue in der Analyse wie in der Problemlösung intensiv wie extensiv erörtert werden müsste, würde eine sachgerechte Erörterung den Rahmen sprengen. Es geht um den Hinweis auf Fragen der Moral, die, was vielleicht anschließend noch bedeutsam werden kann, den Alltag und nicht einen Sonderfall betreffen.

Dass sich hier Gegensätze in der moralischen Beurteilung und im Verhalten auftun, dürfte normal sein. Hier ist eine Entwicklung im Gang, bei der Vergangenheit, Gegenwart wie auch ungewisse Zukunftserwartungen als Gegensätze aufeinander prallen. Niemand hat hier vorschnell eine Lösung, falls es eine überhaupt gibt. Was aber zum Finden von Lösungen helfen kann, ist das gegenseitige Verstehen-Wollen.

Moralische Fragen stehen für viele im Vordergrund. Sie betreffen sie direkt, da es um ihr Tun und Handeln geht. Unmittelbarer kann nichts sein. Deshalb sage ich zur Verdeutlichung, da es sie betrifft, macht es sie betroffen. Entweder können sie sich mit ihrem Tun und Handeln zufrieden geben oder es wühlt sie auf, es "wurmt" sie. Dieses Bewusstsein, das den handelnden Menschen unmittelbar begleitet, ist allgemein menschlich und hat als menschliche Gegebenheit nichts mit Religion und dergleichen zu tun. Aber im Laufe der Entwicklung wird dieses Bewusstsein von allem, was die Umwelt ausmacht, geprägt, auch von den religiösen Umweltbedingungen. Versucht man die Religion, wie es Religionsgegner und Atheisten wollen, zu eliminieren, dann bleibt ein wesentlicher Bestandteil des Bewusstseins, wie man dies soziologisch feststellen kann, als prägende Spur erhalten. Die Frage ist, weshalb geschieht das? Diese soziologisch beschreibbare Lage gibt eine, nach meiner Einschätzung eine bedenkenswerte, Antwort auf die Frage, wie glücklich oder unglücklich der Mensch mit Religion wird.

Grundlegende Überzeugungen, zu denen die religiösen gehören,wirken nachhaltig, und das tun sie, weil sie lebensdienlich sind. Manche moralischen Forderungen können für gewisse Gläubige lebensfern, abstoßend oder belastend sein, sie aber dennoch in ihrem Leben gefühlt stärken, was man sich kaum vorstellen kann. Die in der Einleitung genannte Schrift "Gottlos glücklich" warum wir ohne Religion besser dran wären trägt der Kompliziertheit, der Widersprüchlichkeit, der Problematik menschlichen Daseins zu wenig Rechnung. Manche Fragen brauchen auch Zeit, um zu einer Lösung zu kommen. Lebensfragen sind letztendlich im Gottesverständnis begründet. Ich denke an Fragen, die eine kirchlich oder von der Religionsverfassung begründete Ursache haben, aber die Menschenrechte berühren.

Es gibt Fragen, die sich innerhalb - intrareligiös - einer Religion, dann solche zwischen den Religionen - interreligiös – stellen. Worum es in unserem Zusammenhang geht, ist eine Fragestellung - extrareligiös -, in der die Religion als solche, d.h. in ihrer Ganzheit, in Frage steht. Diese Frage betrifft das Wesen und die Verwirklichung des Menschseins überhaupt, so dass sie nicht Gegenstand einer einzelnen Religionsgruppe, sondern der Religion überhaupt ist. Insofern steht selbstverständlich der Faktor Transzendenz in Frage. Für die monotheistischen Religionen heißt das: Der Gott, der das Leben schenkt und beendet, ist der Schöpfer der Lebensverhältnisse von Anfang bis Ende. Auf ihn als Grund ist alles bezogen. So dachte und glaubte die alte Welt.

Wenn alles auf ihn als Grund und Ursache bezogen wird, dann entsteht das Problem der Rechtfertigung Gottes, da vieles sowohl schief gelaufen ist und auch noch weiterhin daneben geht. Es gibt von Anfang an zu viel Elend und Bosheit. Die Allmacht Gottes und seine mit ihr verbundene Güte werden unglaubwürdig.

Wird Gott als Ziel unseres Lebens gesehen, dann kann das Leben der Menschen, weil sie wissen, woraufhin sie leben, trotz aller Verderbnisse positiv gesehen und gelebt werden. Dann ist es unsere Aufgabe, mit dem Leben Zerstörenden fertig zu werden. Die Frage nach der Ursache ist dann nur noch ein Mittel zur Beseitigung von Übeln, aber keine Frage der Religion.

Der Schöpferglaube will die Welt, so wie sie ist und weshalb sie so ist, von Gott her erklären. Wie und weshalb alles so ist, wie es ist, erklären die verschiedenen Bereiche der Evolutionstheorie; ihre Erklärung ist einleuchtender als die mythischen Texte der Religionen. Der seinsmäßige Beginn des Ganzen wird geglaubt, weil alles eine Ursache haben muss. Wie der Glaube, alles kommt von Gott, zur Lebensbewältigung früher geholfen hat und heute noch helfen kann, weiß ich nicht; ich habe nur Zweifel.

Der Zukunftsglaube sieht die Gesamtwirklichkeit in Natur und Geschichte im Werden, dem sich der Mensch, wenn er nicht unvernünftig ist, in seinem Leben angleicht. Als Ende des Lebens wird Gott als Ziel, woraufhin der Mensch lebt, gesehen. Dabei kann man die Fragen, weshalb die Welt so ist, wie sie ist, gelassen der Wissenschaft überlassen. Wir sollen und können mit dem Ausblick auf Gott als Horizont mit unseren Lebensanforderungen fertig werden. Die einzelnen Lebensabschnitte können dann einmal, auch wenn wir das jetzt nicht erkennen, eine sinnvolle Bedeutung bekommen. Unter der Bedingung, dass für unser Leben ein Horizont oder Ziel angenommen werden kann, kann der Lebensvollzug positiv gesehen werden Dieses auf Zukunft ausgerichtete Denken entspricht auch all unserem Wissen vom Geschehen in der Natur und Geschichte.

Da die Religion nicht primär eine Erklärung der Weltverhältnisse zu bieten hat, sondern helfen soll, eine Lebenseinstellung zu gewinnen, um vernünftig leben zu können, dürfte diese Sicht auf Gott und das Leben einleuchtend sein. Die Schwierigkeit des Ganzen besteht darin, dass dieses Ziel nicht beweisbar ist.

In der Schöpfungstheologie ist der Anfang wie auch die Gegenwart, in der Gott eingreifend geglaubt wird, auch nicht nachweisbar. Nur möchte ich versuchen aufzuzeigen, dass das gläubige Zukunftsdenken in der Neuzeit und Moderne lebensdienlich und einleuchtender ist als das überkommene Denken, dem ein sich aus der Lebenswirklichkeit ergebender und von daher ihr entsprechender Impuls fehlt. Das Handeln folgt im tradierten Glauben mehr auf Befehl als auch auf Einsicht in die Lebenswirklichkeit.

Da die Religion erklärtermaßen eine Lebenshilfe sein will und auch soll, hilft die lebensdienliche Aufforderung zum Tun und Handeln auf dem Weg zu Gott als Ziel mehr als das gläubige Sagen "Ja Vater" (so ein Buch vor Jahrzehnten) - in den Lebenswiderwärtigkeiten.

Wenn sich die absolute Transzendenz auch nicht beweisen lässt, kann sie als durchaus sinnvoll angenommen werden?

Bis in die Neuzeit sah man Gott als absolute Transzendenz und die Welt als Immanenz. Beide gehörten zwar zusammen, aber es waren je eigene Größen. Auch wenn deren Zusammengehörigkeit, was der Schöpfungs- und Geschichtsglaube wie auch das Handeln Gottes durch die Propheten und in Jesus eine scheinbar unverbrüchliche Einheit dokumentieren, konnte diese behauptete Einheit die absolute Gegenpoligkeit von Transzendenz und Immanenz nicht aufheben. Auch wenn es ungewohnt ist, darf man an Dualismus denken. Denn als die Immanenz vom ausgehenden Mittelalter und der sich gründenden Neuzeit immer bedeutsamer wurde, und die Transzendenz fraglich, entstand am Ende der neuzeitlichen Geschichte der Atheismus, in dem die Transzendenz nichts und die Immanenz alles wurde. Als Alternative zu dem interpretierten Dualismus, der letztendlich zum Atheismus führte, darf der Pantheismus, der die Transzendenz in der Immanenz aufgehen lässt, gelten.

Die Immanenz ist das vielgestaltige Leben der Menschen und der alles beherrschenden Wissenschaften. Die Transzendenz ist nicht beweisbar. Fragen an die Immanenz wie an die Transzendenz wären absurd. An Gott kann man nur glauben; man kann es auch bleiben lassen, denn das Transzendente hat sich in Rauch aufgelöst. So das Bild unserer Kultur für nicht wenige.

Drei Faktoren haben "lebensmäßig" in Tausenden von Jahren die Geschichte der Menschen bestimmt. Gott oder die Transzendenz, die Immanenz mit dem Menschen und der Welt. Für viele oder manche ist Gott das Problem. Die Welt unterliegt neuen Betrachtungsweisen mit gewaltigen technischen, auch den Alltag betreffenden, Erfolgen. Weil sich neue Erkenntnisse durchsetzen, schwankt der Mensch zwischen Krone der Schöpfung und Entthrontsein. Diese drei Faktoren sind zwar scheinbar oder anscheinend gering an Zahl, umfassen aber nach unserem Denken die gesamte Weltwirklichkeit des Menschen, in der es um das Gelingen des Lebens geht. Da der Horizont unseres Fragens klar sein soll, erinnere ich an die Fragehorizonte des Intrareligiösen wie des Interreligiösen und des Extrareligiösen (a.a.O.S. 101 ff.). Wir bewegen uns im Rahmen des Extrareligiösen, in dem die Religion als solche denkerisch in Frage steht. Bevor wir fragen, was der Glaube an Gott oder die Religion bedeuten können, soll erörtert werden, ob es wirklichkeits- und damit auch lebensentsprechend ist, an Gott zu glauben oder die Religion gelten zu lassen.

Nach Kant ist Gott nicht zu beweisen. Er ist neben Freiheit und Unsterblichkeit ein Postulat (Erfordernis) der Vernunft, ohne die das Leben sinnlos würde. Da ich nur Kants Postulat des Gottglaubens aufgreife, unterlasse ich die für uns nicht hilfreichen weiteren Ausführungen Kants. Es geht nur um die Sinnfindung des Glaubens überhaupt.

Ich habe den Eindruck, dass bei allem Glaubenszweifel und Atheismus der Blick auf das Göttliche vergleichbar ist mit dem Blick in die Rundkuppel einer Kirche, wobei ganz oben der Himmel in einem erweiterten Loch sichtbar wird. Glaube wie Atheismus halten den Blick für Fragen offen, die nicht alltäglich und vergänglich sind, sondern bleibend.

Nachdem ein Mensch gestorben ist, tut sich für die Hinterbliebenen eine absolut gähnende Leere auf. Die Körperhaftigkeit, d.h. der sicht- und erlebbare Umgang findet ein Ende. Was wir unter Leben verstehen ist unwiderbringlich vorbei. Was so vorbei sein soll, muss etwas gründlicher bedacht werden.

In der Entwicklung des Menschen gibt es die von der leblosen Natur zum animalischen Leben und von diesem zum Geist sich vollziehende Stufen. Diese Stufen sind aus ihrem jeweiligen Ursprung nicht erkenn-und erklärbar. Wir haben es im relativen Bereich mit absoluten Neuheiten zu tun. Die Wissenschaft spricht hier von Emergenzen, d.h. vom Auftreten neuer, nicht voraussagbarer Qualitäten beim Zusammenwirken mehrerer Faktoren (Elemente). So ist im Prinzip der Aufbau der Welt.

Dass die Welt mehr als Werden denn als Sein zu begreifen ist, habe ich hinlänglich aufzuzeigen versucht. Es sei in diesem Zusammenhang, da es um den Werdeprozess von Entwicklungen geht, nur nochmals daran erinnert.

In der Neuzeit wie Moderne hat sich unser Denken daran gewöhnt, alles in seiner Singularität zu sehen. So geht es wohl noch um den Menschen, aber vor allem um Georg,

Philipp oder Friedrich. Die Portraitmalerei und die Biographie, die es in der Art und Häufigkeit bisher nicht gab, sind deutliche Zeichen. Dieser Prozess der Individualisierung wird bereits im Spätmittelalter eingeleitet und löst das an den allgemeinen, alles übergreifenden Denkvorstellungen, wie Lebewesen, Mensch, Natur, Gerechtigkeit, Wille, Freiheit etc. gebundene Denken ab. Dieses neue Denken ist prägend für unsere ganze neuzeitliche Kultur geworden. Das Leben wie die ganze Wirklichkeit ist aber nur zu begreifen in einem größeren Zusammenhang, denn so ist es geworden und wird auch nach aller Wahrscheinlichkeit weiterhin sein. Wenn es um den Menschen geht, dann geht es um das Mensch-Sein schlechthin, d.h. um allgemeine Lebensfragen wie Menschenrechte-;beim Arzt geht es um einen bestimmten Menschen, der Magen- oder Lungenschmerzen hat. Das Allgemeine wie auch das Singuläre sind zu sehen. Das Allgemein ist, weil es eine begrifflich konzipierte Wirklichkeit ist, nur geistig zu begreifen. Lebensfragen stellen sich in größeren Zusammenhängen und sind von dieser Art.

Wenn man weiß, wie ein Gedanke im Hirn entstanden ist, kennt man weder den Inhalt der Frage als Problem, noch weiß man etwas von einer möglichen Antwort. Es sind zwei verschiedene Problemfelder mit je eigenen Fragen, deren Entstehungsgrund oder Veranlassung nicht die gesuchte Antwort geben. Lebensfragen stellen sich gewöhnlich in größeren Zusammenhängen. Sie werden vielfach wie in einem Konglomerat erlebt, dennoch geht es eigentlich um Vorstellungen wie Glück, Zufriedenheit, Gerechtigkeit, Liebe, Wohlergehen, Gelingen. Diese Gedanken betreffen uns in unserem Dasein als Menschen; deshalb können wir sie existenziell nennen.

Mit anderen Worten: Singularität und Universalität trifft den Menschen im allgemeinen wie auch jeden als Individuum persönlich. Für ein gelingenden Leben ist beides letztendlich zu sehen. Der Mensch konnte nur überleben in Gemeinschaft. Das war so am Anfang und kann für heute nur aus Dummheit bestritten werden. Alle Überlebensstrategien, Sprache, Kunst und die ganze Kultur sind Gemeinschaftswerke. So ist der Mensch als solcher Teil einer Ganzheit. Die Frage, ob es für ihn außerhalb des allgemeinen Mensch-Seins ein Gelingen gibt, dürfte rein theoretisch, d.h. ohne Belang sein. So ist der Bogen zu spannen von der Regionalität zur Universalität. Das politische Nationaldenken ist der Beweis, dass wir auf dem falschen Dampfer sind.

Was die alltägliche Neugierde wie alle Wissenschaften angeht, ist die grundsätzliche Ausrichtung unseres Denkens ein stetiges Wissen-Wollen. Diese Ausrichtung kann nur in einer größtmöglichen Offenheit begriffen werden. Ob es das gibt, was man finden will, oder nicht, ob es gut oder schlecht oder sogar neutral ist, all das ist im Alltag und besonders in der Forschung eigentlich der Normalfall; schließlich will man ja herausfinden, was man trotz aller Mühe nicht weiß. Ich sehe die Freiheit letztendlich begründet in dieser Offenheit, mit deren "Finden"ein geistiger Freiraum unendlichen Ausmaßes sich zu eröffnen vermag, mit dem nur der Mensch zurechtkommen kann. So ist er in der Wirklichkeitsbegegnung immer "über sich hinaus". Seine Intentionalität (Gerichtetheit des Bewusstseins) eröffnet bei aller relativen Immanenz eine absolut zu nennende Unendlichkeit. Das gilt für alles Fragen, Erkennen und Forschen, und nicht nur wenn es um letzte Fragen geht. Allerdings findet hier kein "Einbruch" der Transzendenz in die Immanenz statt. Religiöse Texte sind kein Gegenbeweis, da sie nachträgliche Deutungen von Ereignissen sind.

Die geistige Ausrichtung des Menschen, seine Intentionalität, zeigt sich als Hinordnung "über sich hinaus", die sowohl für Neuheiten in Zeit und Raum wie auch für absolut Neues, nur vorstellungsmäßig Geahntes. jedenfalls nicht verschlossen, eher empfänglich ist.

Wenn über das Leben und sein Gelingen nachgedacht wird, dann ist das Ganze, von der Geburt bis zum Tod zu bedenken. Spielt die Frage nach dem Danach keine Rolle, dann sind alle Überlegungen über die Gegenwart und ihre Struktur einer möglichen Zukunft, d.h. wie die das Leben in seiner Ganzheit wie auch in außergewöhnlichen Ereignissen in Hinordnung auf eine absolute Zukunft gedeutet werden kann, gegenstandslos. Die Immanenz wird dann aus und in sich begriffen, was vielfach mit nicht geringen Erfolgen geschieht. Die Frage nach der Bedeutung wird dann nicht gestellt; wird sie dennoch gestellt, ist sie gleich beantwortet: Einigermaßen gut durchs Leben kommen, wobei das nicht gleich egoistisch zu verstehen ist. Auch ein "Ungläubiger kann ein guter Mensch sein.

Was kann der Glaube an eine Zukunft bei oder in Gott einem Menschen bedeuten? Dieser Glaube begreift die Lebenswirklichkeit als von den drei Faktoren der Kulturbildung bestimmt. Gleichgültig, wie man deren Zuordnung sieht, sie bilden immer ein Ganzes. Das moderne Weltbild ist charakterisiert von Isolation. Vergessen wir nicht, nach Descartes ist der Mensch Meister und Besitzer der Natur, sprich,Welt. Beweis ist die naturwissenschaftlich begründete Allmachbarkeit der Technik. Diese Abgehobenheit ist Isolation. Was aber will der Mensch im Leben? Keine Isolation. Isolation vereinsamt. Alle Veranlagungen des Menschen, ob körperlicher oder seelische Art sind auf Mitmenschlichkeit hingeordnet. Hingewiesen sei auf alle möglichen Formen der

Überlebensstrategien, die Sexualität und Fortpflanzung, die Sprache, die Regeln des Zusammenlebens.

Ist die Ausrichtung auf Gott nicht gegeben, misslingt dann das Leben? Ein Hinweis, an dem Ungläubige wie auch Glaubende nicht vorbei kommen, denn er ist fundamental oder lebensbestimmend, ist die Mitmenschlichkeit. Zunächst eine Überlegung zur biblischen Ethik. Sie zeigt eine Entwicklung, deren Stufen in sich interessant sind, aber den Rahmen unserer Abhandlung sprengen würden, an deren Ende die Feindesliebe gefordert wird. Mit Pinchas Lapide verstehe ich diese Forderung als Entfeindung der Welt. So ist die Forderung realitätsnäher. In den Bergpredigten (Mt und Lk), den Gleichnissen, Mahlgemeinschaften, Reden (Jh 13-16)geht es immer um den oder die Mitmenschen. So kommt die Bibel zu der unausgesprochenen Erkenntnis, den Menschen vordringlich und zuerst als Gemeinschaftswesen zu begreifen. Aber was heißt das? Die Grundlage sind nicht die bekannten Lehren über das Menschsein, nach denen die zitierten Bibelstellen gewöhnlich interpretiert werden. Es geht nicht um eine Theorie, es geht um die Praxis, und die heißt:. Zuerst kommt der Mitmensch. Das wird deutlich in 3 Mose 19,18, was wiederholt wird in Lk10,17 Lieben, "Deinen Nächsten, wie dich selbst" Typisch modern hat man das verstanden, sich zuerst zu lieben und dann und in dem Maßstab auch den andern. Die biblische Lebenspraxis bedenkend dürfte sich folgender Sinn ergeben: Wie dem Andern zu begegnen und zu helfen ist, das ergibt sich, wenn man sich in die Lage des andern versetzt. Dann weiß man, was der braucht. Der Andere, der Mitmensch in seiner Situation, in die man sich hineinversetzt, ist der Maßstab. Es geht nicht zuerst um mich und dann um den andern, umgekehrt.

Da es in diesem Denken um den Mit-Menschen zuerst geht, darf man dieses Mit zur Gemeinschaft erweitern, in der unser individuelles Leben seinen Platz hat, um wesensentsprechend sein zu können. Verkürzt gesagt, wenn es um das Ich und das Du geht, kommt zuerst das Du und damit die Gemeinschaft. Leben ist damit für uns ein Gemeinschaftsvollzug, der, wie die Erfahrung zeigt, Menschen nicht unglücklich macht, im Gegenteil.

Ein Sprichwort sagt, "jeder ist sich selbst der Nächste". Das passt als Abschluss einer schlechten Erfahrung. Ganz anders die Gleichniserzählung. Die Frage ist, wer ist der Nächste? Die Antwort dreht gleichsam die Frage um, "wem bist du der Nächte?"Das Soziale wird in die eigene Kompetenz verlagert. Der Nächste kommt nicht zum eigenen Ich hinzu. Der Andere ist gleichsam das verlängerte Ich. Was in unserer Psyche auf Gemeinschaft angelegt ist, wird in der biblischen Religion vollendet. Ob gläubig oder ungläubig, das in diesem Sinn humane Leben gelingt.

Und was bewirkt darüber hinaus die Ausrichtung auf Gott? Der Mensch fühlt sich in einem Ganzen, das nach meiner Einsicht immer auch Gegensätze konträrer (nicht kontradiktorischer, verneinender) Art enthält, geistig wie seelisch zu Hause. Ich stelle fest, so lange es die Menschheit gibt, bilden die drei Faktoren Gott, Mensch, Welt die ganze Wirklichkeit samt ihrer Geschichte. Dass die besseren, funktionstüchtigeren Erkenntnisse in Bezug auf den Faktor Welt die Dreiteilung aufheben, weil man den Faktor Gott nicht mehr nötig hat, kann ich nicht einsehen. Die Wissenschaft löst keine Existenzfragen; von denen unsere Lebensfragen und Deutungen bestimmt sind.

Ein gründliches Nachdenken, das von der Sinnfrage bestimmt ist, weist in die einzuschlagende Richtung, an deren Ende für den Glaubensbereiten Gott steht. Über ihn kann er aber wegen seiner geistigen Beschränktheit und der göttlichen Größe nur eine Dass-, aber keine Was-Aussage machen.

Das letzte Urteil über unser Leben dürfen wir Gott überlassen, für jetzt ein Trost, der Mut macht zum Gelingen.

Ergebnis

Es war nicht die Absicht, an gewissen Schicksalen ein gelungenes oder gelingendes Leben zu dokumentieren. Dazu müsste ich mich in Biographien besser auskennen. Zudem müsste ich am Ende der Schilderungen jeweils aufzeigen, weshalb ich von Gelingen spreche. Ich würde vor derselben Frage stehen, wie auch jetzt. Ich müsste darlegen, womit ich das geschilderte Gelingen begründe. Ich müsste Stellung nehmen zu Grundfragen des Mensch-Seins, was ich ohne biographischen Bezug getan habe und tue.

Es geht um die Frage nach dem Gelingen des Lebens, die in mehrfacher Hinsicht gestellt werden kann. In Bezug auf das eigene Leben kann ich fragen, was will ich denn eigentlich? Verplempere ich nicht meine Zeit mit dem, was ich da vorhabe? Die Kinder oder Freunde fragen bei wichtigen Entscheidungen, was ich meine zu ihrem Vorhaben. Erfolge und Misserfolge halten sich dabei die Wage. Plato, Gutenberg, Einstein, Beethoven und Kant haben außergewöhnlich Hervorragendes geleistet. Das Einmalige, besser Geniale, kann kaum Vorbild und Maßstab sein für tausende.

Das biblische Denken, das im Menschlichen den Blick zuerst auf den Mitmenschen richtet, weist im Grunde einen gangbaren Weg für durchschnittlich Begabte wie Genies, denn über das geforderte praktische Denken verfügen alle. So vollzieht sich für alle glücklich sein in der Mitmenschlichkeit, in der man gewiss auch Regeln einhalten muss. Es kann nicht jeder machen, was ihm gerade einfällt. Dabei ist die bergende Einbindung in die Gemeinschaft als

Aufgabe die entscheidende Erkenntnis für das Verhalten. Es entspricht auch der Verwirklichung der Fähigkeiten des Menschen überhaupt, was Erfüllung gibt. Und da der Mensch von klein auf immer in Gemeinschaft lebt und das Schlimmste für ihn die Einsamkeit, die todbringend sein kann, ist, gelingt das Leben vornehmlich im Zusammenleben, dem alles zu dienen hat.

Da die Bibel das Mensch-Sein wie bei Mose und Lukas sieht, ist sie maßgebend für alle Morallehren innerhalb wie außerhalb der Religionen, die ein Umdenken dringend nötig haben. Diese Sicht überholt auch den Bestseller-Autor Philipp Möller mit seinem Buch "Gottlos glücklich. Warum wir ohne Religion besser dran wären" und lässt ihn links liegen. Den Menschen primär, d.h. im Ausgangspunkt der Erörterung, was der Mensch ist, ihn überhaupt vor allen weiteren Überlegungen vom Mitmenschen her zu begreifen, war auch für mich neu. Die uns aus der philosophischen Überlieferung bekannten menschlichen Eigenschaften und nicht nur die praktischen Ratschläge der Bibel lassen sich von der erläuterten Mitmenschlichkeit sinnvoller in die Humanität einordnen als die tradierte Sichtweise, die von der Ich-Stellung des Individuums ausgeht und die Forderungen der Humanität wie zusätzliche Befehle erscheinen lässt.

Für den an Gott Glaubenden gilt das Humane wie für den Gottfernen. Der an Gott Glaubende hat sich darüber hinaus verortet im großen Ganzen, in dem er Gott als Zukunft, woraufhin er lebt, begreifen kann. So hat sein Leben über alle Lebenserfahrungen hinaus eine besondere Bedeutung, die er glaubend erwartet, aber jetzt nicht erkennen kann. Für den Gottfernen gibt es nur das jetzige Leben und nach dem Tode Nichts. Am Ende ist Gott oder Nichts, beide werden geglaubt.

Die Basis unseres Lebens ist bei aller Wissenschaftlichkeit und philosophischem Nachdenken immer primär und letztendlich Glaube.

Nachwort

Wie menschliches Leben gelingen kann, muss für viele Menschen, ob hochintelligent, durchschnittlich begabt oder behindert, so erklärt werden, dass sie sich in ihrem Leben danach richten können. Das gemeinschaftliche Leben ist für alle eine Tatsache. Im Wie der Lebensgestaltung gibt es Unterschiede und Schwierigkeiten, die an der Tatsache der Gemeinschaft aller nichts ändern. Zunächst auf den Andern zu sehen, an ihn als Ersten zu denken, ist nicht zu viel verlangt, sonst wäre Egoismus biologisch normal. Das Gelingen, das altruistisch denkt und handelt, gründet u.a. auf der Rückwirkung unseres Handelns auf den Handelnden. Das Letztere mag zu abstrakt und theoretisch klingen. Es hat in einem Sprichwort seine Bestätigung gefunden: "Geben ist seliger als Nehmen".
So bedarf es zur gelingenden Lebensgestaltung keiner besonderen Theorie, sondern einer Besinnung auf humanes Handeln, das als Erstes den Anderen im Blick hat, bevor man an sich selbst denkt. Dessen Ergebnis ist sozialer Friede.

Die Ich-Du-Beziehung als Du-Ich-Beziehung zu begreifen, könnte ein neues Zeitalter des humanen Gelingens einleiten.

Über den Autor

Werner Wagner, geb. 1931, Studium der Philosophie und Theologie als Dominikaner auf der Hochschule in Walberberg bei Bonn von 1952 bis 1960. Abschluss: Lektoratsdissertation "Offenbarungstat Gottes und Glauben des Menschen nach Karl Barth". Anschließend intensives Privatstudium ev. Theologie und vor allem der Werke des Religionsphilosophen Paul Tillich. Bedingt durch dessen Einfluss und die Situation nach dem Zweiten Vatikanum erfolgte 1966 der Übertritt in die ev. Kirche. Zwischenzeitlich Studium der Geschichte mit Abschlussexamen in Freiburg im Breisgau. Nachträglich Examen in Philosophie an der Universität Stuttgart. Von 1968 bis 1995 Lehrer der ev. Theologie, Geschichte und Philosophie im gymnasialen Schuldienst.